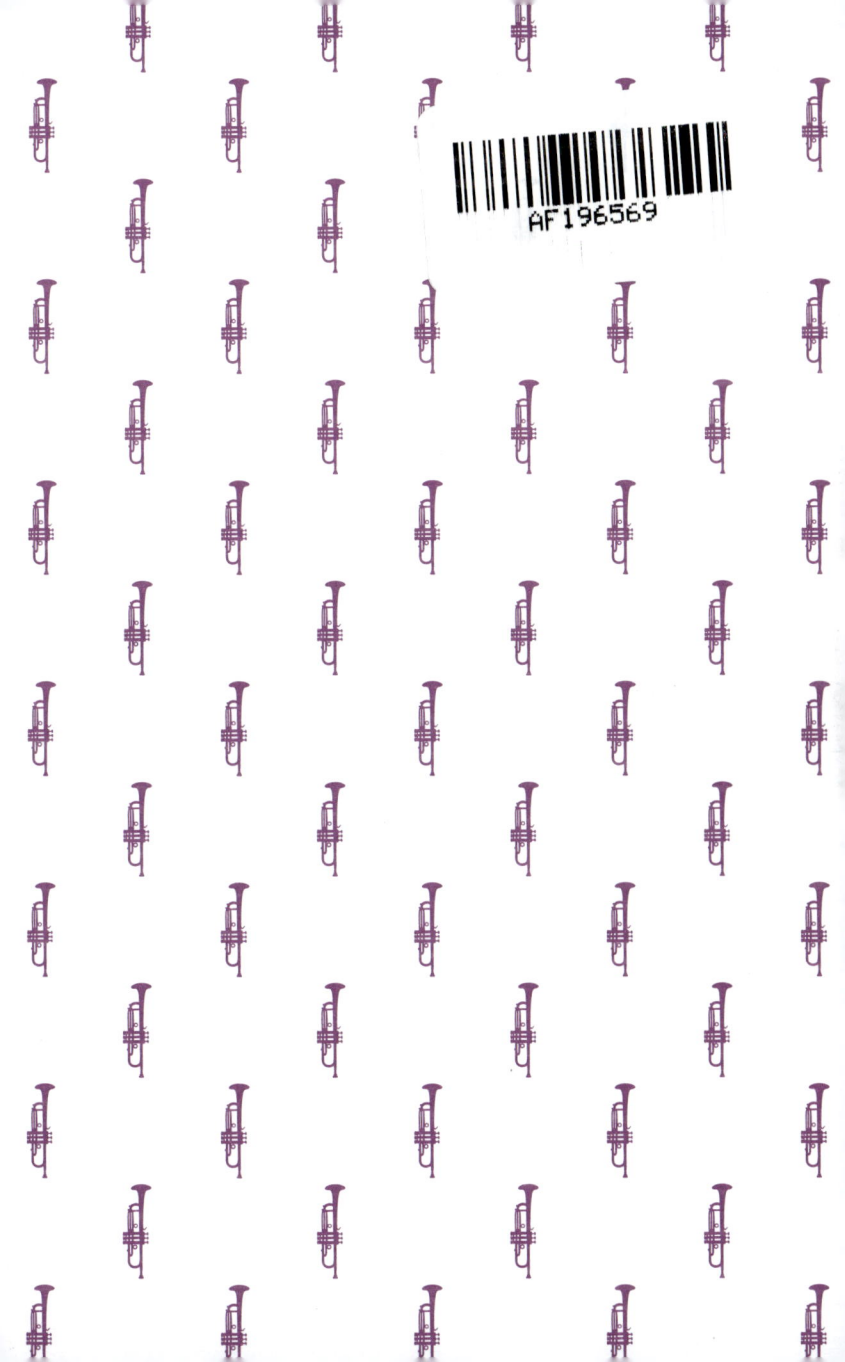

SPRACHSCHÄTZE
Kunst & Kultur

Duden

SPRACH-

Kunst &
Kultur

SCHÄTZE

DIE VERBORGENE HERKUNFT
UNSERER WÖRTER

Dudenverlag
Berlin

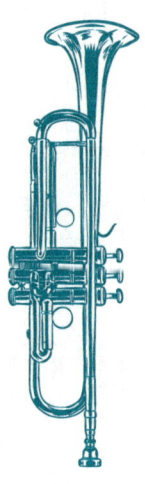

Vorwort

Wie ein versunkener Schatz enthält die deutsche Sprache verborgene Inhalte, die es zu heben lohnt. Denn wenn man die einzelnen Wörter genauer betrachtet, kommt oft überraschendes Wissen zum Vorschein. So erzählen die ursprünglichen Bedeutungen unserer Wörter viel über die Lebensweise und das Denken der Menschen vor unserer Zeit.

Zudem zeigt sich, dass die deutsche Sprache in enger Verbindung mit vielen anderen Sprachen steht, die um uns herum gesprochen werden. Einzelne Wörter haben Verwandtschaft zum Niederländischen, Englischen, Schwedischen und sogar Indischen. Sie sind beeinflusst vom Lateinischen, Griechischen, Italienischen und Französischen.

Spannend ist auch, auf welche Art die Wörter ins Deutsche gekommen sind. Viele unserer Wörter sind sogenannte Lehnwörter, die wir aus anderen Sprachen übernommen und so stark an das Deutsche angepasst haben, dass wir sie nicht mehr als fremde Wörter erkennen (zum Beispiel *Mauer* von lateinisch *murus*). Geradezu drollig ist die Entstehung volksetymologischer Wörter, die bei der Übernahme in unsere Sprache nicht richtig verstanden worden sind – und dann an ein ähnlich klingendes deutsches Wort (das aber eine ganz andere Bedeutung hat) angelehnt wurden; so hat der *Rosenmontag* nichts mit Blumen zu tun, aber sehr wohl mit *rasen* bzw. *toben, tollen, ausgelassen sein*. Bei lautmalenden Wörtern wurde versucht, ein natürliches Geräusch durch Sprache zu imitieren (typisches Beispiel ist der *Kuckuck*).

Es gibt also viel zu entdecken. Lassen Sie sich überraschen!
Ihre Dudenredaktion

abstrahieren ....
»das Allgemeine aus dem zufälligen Einzelnen begrifflich heraussondern; verallgemeinern«: Die seit dem 16. Jahrhundert belegte Entlehnung aus dem Bereich der Philosophie beruht auf lateinisch *abs-trahere (abstractum)* »abziehen, wegziehen«, einer Bildung aus lateinisch *ab-* »ab-, weg-« und lateinisch *trahere* »ziehen, schleppen usw.«. ♦ Dazu: **abstrakt** »vom Dinglichen gelöst, begrifflich; nur gedacht, unwirklich« (15. Jahrhundert, aus gleichbedeutend mittellateinisch *abstractus*), zunächst vor allem in der Philosophie, seit dem Ende des 19. Jahrhunderts auch auf künstlerische Darstellungsweisen bezogen (*abstrakte Kunst*, um 1910).

Akkord ....
Zusammenklang (mehrerer Töne)«: Der musikalische Begriff wurde im 15. Jahrhundert aus gleichbedeutend französisch *accord* entlehnt. Für das zugrunde liegende Verb französisch *accorder* »(die Instrumente) stimmen«, das wohl ursprünglich

identisch ist mit französisch *accorder* »in Übereinstimmung bringen«, vermutet man sekundären Quereinfluss von lateinisch *chorda* (▸ französisch *corde*) »Saite«. ♦ **Akkordeon:** Die Bezeichnung für die Handharmonika ist eine künstliche Neubildung des 19. Jahrhunderts zu Akkord.

Akrobat ....

»Turnkünstler«: Das seit Anfang des 19. Jahrhunderts zunächst nur im Sinne von »Seiltänzer« bezeugte Wort, das im Bereich des Zirkuswesens seine heutige Bedeutung entwickelte, ist entlehnt aus französisch *acrobate* und geht zurück auf griechisch *akróbatos* »auf den Fußspitzen gehend«, das zu griechisch *ákros* »äußerst, oberst; spitz« und griechisch *bateīn* »gehen« gehört. Dazu seit dem 19. Jahrhundert auch **Akrobatin.**

Akustik ....

»Lehre vom Schall; Klangverhältnisse im Raum«: Das Wort ist eine Entlehnung des 18. Jahrhunderts aus griechisch *akoustikós* »das Gehör betreffend« (zu griechisch *akoúein* »hören«, wahrscheinlich urverwandt mit deutsch *hören*). ♦ Dazu als Adjektiv mit deutschem Suffix **akustisch** »den Schall, das Gehör betreffend« (18. Jahrhundert).

Allegorie ....

»sinnbildliche Darstellung, Gleichnis«: Der Begriff wurde in frühneuhochdeutscher Zeit aus griechisch-lateinisch *allēgoría* entlehnt, das eigentlich »das Anderssagen« bedeutet. Gemeint ist die Darstellung eines abstrakten Begriffes durch ein konkretes Bild. Formal zugrunde liegen griechisch *állos* »anderer« (*állon* »anderes«).

Alt ....

»tiefe Frauenstimme«: Der seit dem Ende des 15. Jahrhundert bezeugte musikalische Terminus, der letztlich auf lateinisch *altus* »hoch; tief« beruht (zum Stamm von lateinisch *alere* »aufziehen; [er]nähren«), erscheint zunächst mit der Bedeutung »hohe Männerstimme«. In diesem Sinne setzt er gleichbedeutendes lateinisch *vox altu* fort. Der Bedeutungsübergang von »hohe Männerstimme« zu »tiefe Frauenstimme« war erst möglich, als sich Frauen im 18. Jahrhundert als Solistinnen in der Kirchenmusik und in der Oper durchgesetzt hatten und damit die vorher von Männern gesungene, für die natürliche männliche Stimmlage zu hohe Altstimme übernahmen. Im Deutschen vollzog sich dieser Übergang in der Bedeutung wohl unmittelbar nach dem Vorbild von älter italienisch *alto* »hohe Männerstimme; tiefe Frauenstimme«.

Anekdote ....

»knappe, pointierte, charakterisierende Geschichte«: Das Wort wurde am Anfang des 18. Jahrhunderts aus gleichbedeutend französisch *anecdote* entlehnt. Das französische Wort selbst geht zurück auf *Anekdota* (zu griechisch *an-ék-dota* »noch nicht Herausgegebenes, Unveröffentlichtes«), den Titel eines aus dem Nachlass des byzantinischen Geschichtsschreibers PROKOP herausgegebenen Werkes, in dem eine Fülle von Einzelheiten über die Begebenheiten und Personen aus dessen Lebenszeit zusammengetragen sind.

Animation ....

Das Wort geht auf lateinisch *animatio* »Beseelung, Belebung« zurück und gehört zur Wortfamilie von *animieren*. Im Deutschen ist es ab dem 16. Jahrhundert in der oben genannten

Bedeutung gebräuchlich, zunächst in seiner lateinischen, ab dem 17. Jahrhundert in seiner eingedeutschten Form. Seit dem 20. Jahrhundert bezeichnet es, vermutlich unter dem Einfluss von gleichbedeutend französisch *animation,* ein »Trickfilmverfahren, das unbelebten Objekten Bewegung verleiht«.

Anthologie

»Sammlung, Auswahl von Gedichten oder Prosastücken«: Das Wort ist eine gelehrte Entlehnung des 18. Jahrhunderts aus gleichbedeutend griechisch *anthología* (eigentlich »Blumensammeln, Blütenlese«), das zu griechisch *ánthos* »Blume, Blüte« und griechisch *légein* »sammeln; lesen« gehört. Die Blüte steht für »das Beste, das Glanzstück«.

antik

»altertümlich«: Das Ende des 17. Jahrhundert aus gleichbedeutend französisch *antique* entlehnte Adjektiv geht zurück auf lateinisch *antiquus* »vorig; alt«, eine Nebenform von lateinisch *anticus* »der vordere«, die ihrerseits von lateinisch *ante* »vor« abgeleitet ist. Dazu das Substantiv **Antike** als Bezeichnung für das klassische Altertum (Ende 17. Jahrhundert). ♦ Auf die feminine Form von lateinisch *antiquus (-a, -um)* geht **Antiqua** »Lateinschrift«, eigentlich »die alte Schrift«, zurück. Die *littera antiqua,* die karolingische Minuskel, wurde von den italienischen Humanisten statt der gotischen Schrift verwendet. Zu lateinisch *antiquus* gehören auch »Antiquar«, »Antiquariat«, »antiquarisch«, »antiquiert« und »Antiquitäten«.

Arabeske

Der Ausdruck für »Ornament in arabischer Art, ranken-, blattförmige Verzierung« wurde im 18. Jahrhundert als Terminus der bildenden Kunst und der Baukunst aus gleichbedeutend französisch *arabesque* entlehnt, das seinerseits aus entsprechend italienisch *arabesco*, einer Bildung zu italienisch *arabo* »arabisch«, stammt.

Archäologie

»Altertumskunde (als Wissenschaft von den alten Kulturen und ihren Kunstdenkmälern)«: Das Substantiv ist eine gelehrte Entlehnung des ausgehenden 17. Jahrhunderts aus griechisch *archaiología* »Erzählungen aus der alten Geschichte«. Dies gehört zu griechisch *archaîos* »ursprünglich; altertümlich; alt« und griechisch *lógos* »Wort, Rede; Kunde, Wissenschaft usw.«.

Architekt

»Baumeister«: Das in dieser Form seit dem 16. Jahrhundert bezeugte Substantiv führt über gleichbedeutend lateinisch *architectus* auf griechisch *archi-téktōn* »Baumeister« (eigentlich »Oberzimmermann«) zurück. Dessen Bestimmungswort *archi-* »Ober-, Haupt-« gehört zu griechisch *árchein* »der Erste sein, Führer sein«, *archós* »Anführer, Oberhaupt. Über das Grundwort *téktōn* »Zimmermann, Zimmerer« vergleiche ☞ Technik.
♦ Dazu: **Architektur** »Baukunst; Baustil« (16. Jahrhundert, aus gleichbedeutend lateinisch *architectura*); **architektonisch** »baulich, baukünstlerisch, den Gesetzen der Baukunst entsprechend« (16. Jahrhundert; aus gleichbedeutend spätlateinisch *architectonicus* ◂ griechisch *archi-tektonikós*).

Ästhetik

»Lehre vom Schönen«: Das Wort neulateinisch *Aesthetica*, um 1750 vom deutschen Philosophen ALEXANDER GOTTLIEB BAUMGARTEN geprägt, ist eine gelehrte Bildung zu griechisch *aisthētikós* »wahrnehmend«. Es bedeutete ursprünglich die »Wissenschaft vom sinnlich Wahrnehmbaren, von der sinnlichen Erkenntnis«, dann – verengt – die »Wissenschaft, Lehre vom sinnfällig Schönen«. Griechisch *aisthētikós* »wahrnehmend« gehört zum Verb *aisthánesthai* »wahrnehmen«. Damit urverwandt ist lateinisch *audire* »hören«. ♦ Ableitung: **ästhetisch** »schön; die Ästhetik betreffend« (Mitte 18. Jahrhundert), dazu **Ästhet** »Mensch mit ausgeprägtem Schönheitssinn« (Anfang 20. Jahrhundert, unter Einfluss von englisch *aesthete*).

Atelier ....

»Künstlerwerkstatt«: Das Substantiv wurde am Anfang des 18. Jahrhunderts aus französisch *atelier* »Werkstatt« entlehnt. Das französische Wort (altfranzösisch *astelier*) bedeutete zuerst »Haufen von Holzspänen« und bezeichnete danach speziell den Arbeitsraum des Zimmermanns, in dem Holzspäne anfallen. Es handelt sich bei dem Wort um eine Ableitung von altfranzösisch *astele* »Splitter, Span«, das auf gleichbedeutend spätlateinisch *astella* (für lateinisch *assula, astula*) beruht. Dies ist eine Verkleinerungsbildung zu lateinisch *asser* »Stange, Balken«.

Attraktion ....

»zugkräftige Darbietung, Glanznummer; Anziehungskraft, Anziehung«: Das bereits seit dem 16. Jahrhundert als naturwissenschaftliches Fachwort gebrauchte Substantiv erscheint seit dem 19. Jahrhundert vor allem in der Sprache des Zirkuswesens und erlangt von dort her allgemeine Geltung. Es ist aus gleichbedeutend englisch *attraction* (eigentlich »Anziehung, Anziehungskraft«) entlehnt. Das englische Wort selbst führt über französisch *attraction* »Anziehung, Anziehungskraft« auf spätlateinisch *attractio* »das Ansichziehen« zurück. Es gehört zu lateinisch *at-trahere* »an sich ziehen, anziehen«, einer Bildung aus lateinisch *ad* »an, hinzu« und lateinisch *trahere (tractum)* »ziehen, schleppen«.

Autor ....

»Urheber; Verfasser eines Werkes der Literatur, Musik, Kunst usw.«: Das seit dem 15. Jahrhundert bezeugte, zunächst in der Form *Auctor* gebräuchliche Substantiv geht auf lateinisch *auctor* »Urheber; Schöpfer, Autor« zurück, das wörtlich etwa »Mehrer, Förderer« bedeutet. Stammwort ist lateinisch *augere (auctum)* »wachsen machen, mehren, fördern; verherrlichen, erhöhen; vergrößern«.

Azur ....

»Himmelsblau; hochblauer Farbton«: Das Substantiv wurde Ende des 17. Jahrhunderts aus französisch *azur* »Lapislazuli; Himmelsblau; blauer Farbton« entlehnt. Dies führt seinerseits über mittellateinisch *azzurum* »(Himmels)blau« auf arabisch *lāzaward* (◂ persisch *lāğward*) »Lasurstein; lasurfarben« zurück, das auch die Quelle für *Lasur* ist. Das anlautende l- des arabischen Wortes ist in den romanischen Sprachen abgefallen, weil es fälschlich als arabischer Artikel angesehen wurde.

Baldachin

Die Fachbezeichnung für »prunkvolle Überdachung aus Stoff,
Thron-, Traghimmel« wurde Anfang des 17. Jahrhunderts aus
gleichbedeutend italienisch *baldacchino* entlehnt. Das italienische Wort gehört zu *Baldacco*, einer älteren Form des italienischen Namens für Bagdad, das früher wegen seiner kostbaren
(Seiden)stoffe berühmt war. *Baldachin* bedeutet also »Stoff aus
Bagdad«. In ebendieser Bedeutung wurde das Wort bereits im
14. Jahrhundert aus altfranzösisch *baldekin* entlehnt.

Ball

»Tanzfest«: Das Wort wurde im 17. Jahrhundert aus französisch
bal entlehnt. Das französische Substantiv gehört zu einem aus-
gestorbenen Verb altfranzösisch *baller* »tanzen«, das über gleichbedeutendes spätlateinisch *ballare* auf griechisch *bállein* »werfen, schleudern« zurückgeht. Auf spätlateinisch *ballare* beruht
auch portugiesisch *bailar* »tanzen«; dazu gehört portugiesisch
bailadeira »Tänzerin«, ferner italienisch *ballare* »tanzen«, zu

dem *ballerina* »Tänzerin« – daraus entlehnt **Ballerina** »Ballett-tänzerin« – und die unter ☞ Ballade und ☞ Ballett behandelten Wörter gehören.

Ballade ....

»episch-dramatisches Gedicht«: Das Wort wurde im späten 16. Jahrhundert – zunächst in der Bedeutung »Tanzlied« – aus französisch *ballade* entlehnt, das seinerseits von italienisch *ballata* stammt und über altprovenzalisch *balada* auf lateinisch *ballare* zurückgeht. Die seit dem 18. Jahrhundert bezeugte heutige Bedeutung bildete sich unter dem Einfluss von englisch *ballad* (◄ französisch *ballade*) heraus, das eine volkstümliche Erzählung in Liedform bezeichnet. Über weitere Zusammenhänge vergleiche ☞ Ball.

Ballett ....

»Bühnentanz; Tanzgruppe«: Das Substantiv wurde Anfang des 17. Jahrhunderts aus italienisch *balletto* entlehnt, das eine Verkleinerungsbildung zu italienisch *ballo* »rhythmische Körperbewegung, Tanz« ist. Das zugrunde liegende Verb italienisch *ballare* entspricht altfranzösisch *baller* in ☞ Ball.

Banause ....

»Mensch ohne Interesse und Verständnis für Geistiges und Künstlerisches«: Das Wort wurde im späten 18. Jahrhundert aus griechisch *bánausos* »Handwerker; gemein, niedrig« entlehnt.
♦ Ableitung: **banausisch** (Ende 18. Jahrhundert).

Band ....

Die Bezeichnung für »Gruppe von Musikern, die vorzugsweise moderne Musik, Jazz, Beat, Rock spielen« ist seit der Mitte des

19. Jahrhunderts bezeugt und aus gleichbedeutend englisch-amerikanisch *band* entlehnt, das eigentlich »Verbindung, Vereinigung (von Personen)« bedeutet und selbst auf französisch *bande* zurückgeht.

barock

»von verschwenderisch gestalteter Formenfülle (den Kunststil des 17. und 18. Jahrhunderts betreffend)«: Das Wort wurde im 18. Jahrhundert aus gleichbedeutend französisch *baroque* (eigentlich »schief, unregelmäßig«) entlehnt. Das französische Wort hat die Bedeutung »im Stil des Barocks« von dem italienischen Adjektiv *barocco* übernommen. Beide Wörter gehen auf portugiesisch *barroco* zurück, das ursprünglich nur zur Charakterisierung einer unregelmäßigen Perlenoberfläche diente. Von hier aus nahm es die allgemeine Bedeutung »schief, unregelmäßig« an. ♦ Dazu stellt sich das seit dem 19. Jahrhundert bezeugte Substantiv **Barock** (»Stilepoche Ende 16. Jahrhundert bis 1750«).

Basilika

Die Bezeichnung für »Kirche mit überhöhtem Mittelschiff« wurde im ausgehenden 15. Jahrhundert aus lateinisch *basilica* »Hauptkirche; Markt-, Gerichtshalle« entlehnt, das seinerseits aus griechisch *basilikḗ (stoá)* »Säulenhalle« stammt. Das griechische Wort bedeutet ursprünglich »königliche (Halle)« und gehört zu griechisch *basileús* »König«. Dazu stellt sich auch die Pflanzenbezeichnung **Basilikum**, mittelhochdeutsch *basīlie*, die aus mittellateinisch *basilicum* entlehnt ist, einer Substantivierung von lateinisch *basilicus* (◂ griechisch *basilikós*) »königlich, fürstlich«. Die Pflanze ist somit nach dem edlen Duft als »die Königliche« benannt.

Bass

Die musikalische Bezeichnung der »tiefsten Stimmlage« stammt wie ☞Tenor, ☞Alt, *Sopran*, ☞Falsett aus dem Italienischen. Sie wurde Anfang des 16. Jahrhunderts aus italienisch *basso* »tief« übernommen, dem ein undurchsichtiges spätlateinisches Adjektiv *bassus* »dick; niedrig« vorausgeht. ♦ Ableitungen: **Bassist** »Sänger mit Bassstimme« (16. Jahrhundert), heute »jemand, der (berufsmäßig) Kontrabass oder Bassgitarre spielt«.

Beat

Die Bezeichnung *Beat* wurde wie andere Wörter für moderne Musikrichtungen, vergleiche dazu auch ☞Jazz, ☞Rock, ☞Pop, aus dem Englischen übernommen. Sie geht zurück auf *beat* »Schlag« und bezeichnete zunächst im Jazz eine »gleichmäßige Reihenfolge betonter Taktteile«. Dieser gleichmäßige Grundschlag wurde namensgebend für eine in den 1960er-Jahren in England entstandene Musikrichtung, die **Beatmusik.**

Beifall

Das seit dem 16. Jahrhundert bezeugte Wort mit der Bedeutung »Anschluss an eine Partei; Zustimmung« ist wohl als Gegenwort zu *Abfall* gebildet und setzt älteres mittelniederdeutsch *bīval* »Hilfe, Zustimmung« fort. ♦ Ableitung: **beifällig** »zustimmend« (Ende 15. Jahrhundert).

Belletrist

»Unterhaltungsschriftsteller«: Der Ausdruck ist eine Bildung des ausgehenden 18. Jahrhunderts zu französisch *belles-lettres* »schön(geistig)e Literatur« (aus französisch *belle* »schön« und *lettre* »Literatur«). ♦ Ableitungen: **Belletristik** »schöngeistige Literatur«; **belletristisch** »die Belletristik betreffend«.

Bibel ....

»die Heilige Schrift«: Der aus der ägyptischen Papyrusstaude gewonnene und zu Papierrollen verarbeitete Papyrusbast wurde im alten Griechenland vornehmlich aus der phönizischen Hafenstadt Byblos (heute Dschubail im Libanon) importiert. Nach ihr nannten die Griechen das verarbeitete Rohmaterial selbst *býblos*. Das davon abgeleitete *byblíon*, dessen -y- an das -i- der folgenden Silbe assimiliert wurde zu *biblíon* »Papierrolle, Buch« (nach diesem Vorbild entstand dann klassisch-griechisch *bíblos*), wurde im Plural *biblía* »Bücher« ins Kirchenlateinische zur Bezeichnung der »Heiligen Bücher (des *Alten* und *Neuen Testaments*)« entlehnt. Die seltsame Betonung auf der vorletzten Silbe bewirkte dann, dass das Wort (ursprünglich ein Neutrum Plural) bei der Übernahme ins Mittelhochdeutsche als Femininum Singular gefasst wurde (mittelhochdeutsch *biblie*, später: *bibel*): die Bibel als »das Buch«.

blau ....

Das gemeingermanische Farbadjektiv mittelhochdeutsch *blā*, althochdeutsch *blāo*, niederländisch *blauw*, altenglisch *blǽw* (in *blǽhǽwen* »hellblau«), schwedisch *blå* ist zum Beispiel eng verwandt mit lateinisch *flavus* »goldgelb, blond« und gehört mit anderen verwandten Wörtern zu der indogermanischen Wurzel **bhel-* »schimmern(d), leuchten(d), glänzen(d)«. *Blau* ist wie andere germanische Farbenbezeichnungen in die romanischen Sprachen entlehnt worden: italienisch *biavo* »blau«, französisch *bleu* »blau« (daraus englisch *blue*; siehe ☞Blues). ♦ Die heutige Farbvorstellung *blau* hat sich erst im Germanischen herausgebildet; selbst althochdeutsch *blāo* kann gelegentlich noch lateinisch *flavus* »gelb« übersetzen. Die Abstufungen der Farbe werden im Deutschen durch Zusammensetzungen näher bestimmt wie *hell-, dunkel-, schwarz-, grau-, himmel-, wasser-, veilchen-, stahlblau* und andere. In übertragenem Sinne meint *blau* die unbestimmte Ferne *(ins Blaue träumen, reisen)*, einen geheimnisvollen Zauber *(blaue Blume)* und das Betrunkensein.

> **blau ❡ blau sein wie ein Veilchen**
> (umgangssprachlich) »völlig betrunken sein« ♦ Der scherzhafte Vergleich und die Übersteigerung soll den hohen Grad des Betrunkenseins ausdrücken. Die Bedeutung »betrunken« rührt wohl von dem Schwindelgefühl des Betrunkenen her, der einen [blauen] Schleier vor Augen zu haben glaubt; daher sagte man früher auch *es wird mir blau* (heute: *schwarz*) *vor Augen*, wenn man ohnmächtig zu werden drohte.

Blues

»schwermütiges Volkslied der nordamerikanischen Schwarzen (zum Jazz entwickelt); langsamer Tanz im Jazzrhythmus«: Das Substantiv, das im 20. Jahrhundert aus amerikanisch *blues* entlehnt wurde, ist wahrscheinlich eine Kurzform von *blue devils*, was eigentlich »blaue Teufel« bedeutet und die dämonischen Gaukelbilder benennt, die einem Menschen in ekstatischer Verzücktheit oder bei einem Anfall von Schwermut erscheinen. Gleichwohl scheint für die moderne Bedeutung von *Blues* auch die Vorstellung von einer »blauen (= sentimentalen) Stunde« eine Rolle zu spielen.

Boheme

Das Wort für »ungezwungenes Künstlerleben« wurde in der Mitte des 19. Jahrhunderts aus französisch *bohème* entlehnt.

Dieses geht seinerseits auf mittellateinisch *bohemus* »Böhme« zurück. Das mittellateinische Wort bezeichnete unter anderem auch die damalig *Zigeuner* genannten Personen, weil man Böhmen für die Heimat dieser Volksgruppe in Europa hielt. Das *Bohemeleben* der Pariser Künstler wurde schließlich für eine ungebundene Lebenshaltung, für ein unkonventionelles Milieu bezeichnend.

Bratsche

Die Bezeichnung für das Streichinstrument ist bereits seit dem 17. Jahrhundert bezeugt. Sie ist gekürzt aus *Bratschgeige*, das aus italienisch *viola da braccio* »Armgeige« entlehnt ist. Über das vorausliegende Substantiv lateinisch *bra(c)chium* »Arm« gibt es einen Zusammenhang zur *Brezel*.

bravo

»trefflich!«, bravissimo! »ausgezeichnet!«: Das Wort italienisch *bravo* wurde – wie auch das superlativische *bravissimo* – in der italienischen Oper zum stürmischen Beifallsruf der Zuschauer an die gefeierten Sänger. Von da in die Allgemeinsprache übernommen, gelangten die beiden Adjektive im 18. Jahrhundert ins Deutsche.

brillieren

»glänzen, sich hervortun«: Das Verb wurde im 18. Jahrhundert aus gleichbedeutend französisch *briller* entlehnt, das seinerseits aus italienisch *brillare* übernommen ist. Das italienische Wort gehört wahrscheinlich mit einer ursprünglichen Bedeutung »glänzen wie ein Beryll« zu lateinisch *beryllus* »Beryll«, das auch einen Zusammenhang mit *Brille* aufweist. ♦ Aus dem Partizip Präsens von französisch *briller* stammt unser **brillant**

»glänzend, hervorragend« (18. Jahrhundert), das substantiviert zur Bezeichnung des »geschliffenen Diamanten« (schon im Französischen) wird: **Brillant** (spätes 17. Jahrhundert).

Brokat

Die Bezeichnung für »mit Gold- oder Silberfäden durchwirktes Seidengewebe« wurde am Ende des 16. Jahrhunderts aus gleichbedeutend italienisch *broccato* entlehnt. Das zugrunde liegende Verb italienisch *broccare* »durchwirken« (eigentlich »hervorstechen machen«) gehört zu dem galloromanischen **brocca* »Dorn, Spitze«, von dem auch die *Brosche* stammt.

Buch

Das Substantiv mittelhochdeutsch *buoch*, althochdeutsch *buoh*, gotisch *bōkōs* »Schrift, Buch« (Plural zu *bōka* »Buchstabe«), altenglisch *bēc*, altisländisch *bækr* ist zuerst mit *Buche* identisch und bezeichnet Schreibtafeln aus (Buchen)holz, dann – wohl nach dem Vorbild von lateinisch *littera* »Buchstabe; Schriftstück« (vergleiche hierzu ☞Literatur) – auch »Schriftstück«. Mit *Buch* sind im germanischen Sprachbereich niederländisch *boek* »Buch«, englisch *book* »Buch«, schwedisch *bok* »Buch« verwandt. In der weiteren Entwicklung bezeichnete *Buch* alle Arten gehefteter oder gebundener Papierlagen, heute hauptsächlich das gedruckte Buch, aber auch Schreibbücher (zum Beispiel Tage-, Haupt-, Kirchenbuch). ♦ Ableitungen: **buchen** kaufmännisch für »in ein Rechnungsbuch eintragen« (18. Jahrhundert, wahrscheinlich nach englisch *to book*, niederländisch *boeken;* dazu als neue Lehnbedeutung aus dem Englisch »einen Schiffs- oder Flugzeugplatz bestellen«); **Bücherei** (17. Jahrhundert, Lehnübersetzung aus niederländisch *boekerij*, das selbst für *Liberey* aus lateinisch *libraria* eingetreten war).

Bühne

Die Herkunft von mittelhochdeutsch *büne* »Bretterbühne, Zimmerdecke«, mittelniederdeutsch *böne* »bretterne Erhöhung, Empore, Zimmerdecke«, niederländisch *beun* »bretterne Erhöhung, Bretterdiele, Steg; Decke« ist nicht sicher geklärt. Vermutlich hängt das auf das deutsche und niederländische Sprachgebiet beschränkte Wort mit der Wortfamilie um *Boden* zusammen. Das aus *Schaubühne* verkürzte Wort *Bühne* wird im Laufe des 18. Jahrhunderts auf das Podium des Schauspielers eingeschränkt und alsbald auch übertragen für »Theater« gebraucht.

Bungalow

Die Bezeichnung für ein einstöckiges Haus mit flachem Dach wurde im 19. Jahrhundert aus englisch *bungalow* entlehnt, das auf Hindi *banglā* »einstöckiges strohbedecktes Haus mit offener Veranda in Bengalen« zurückführt. Es bedeutete eigentlich »bengalisches Haus für Europäer in Bengalen«. In England entwickelte sich die Bedeutung »Landhaus, Sommerhaus«, mit der die Bezeichnung in den 1950er-Jahren erneut entlehnt und auf einen neuen Haustyp angewendet wurde.

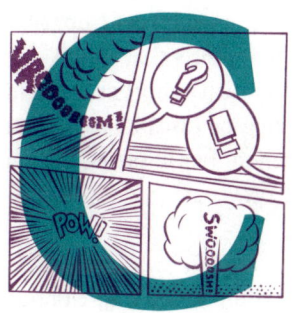

Cartoon

Die Entlehnung mit der Bedeutung »Karikatur, gezeichnete Bildgeschichte« wurde in der 2. Hälfte des 20. Jahrhunderts aus gleichbedeutend englisch *cartoon* übernommen. Dieses geht über französisch *carton* »Pappe, Karton; Entwurf« zurück auf italienisch *cartone*, eine Vergrößerungsform von *carta* »Papier, Karte« (◄ lateinisch *carta*, vergleiche *Karte*). Das englische Wort *Cartoon* wurde durch die in der 1. Hälfte des 19. Jahrhunderts begründete satirische Wochenzeitung *Punch* geprägt, die Entwürfe für die Deckenfresken im Westminster Palace in einer Serie namens *Punch Cartoon* ironisch darstellte.

Chor

»Sängergruppe; erhöhter Kirchenraum«: Griechisch *chorós* »Tanz, Reigen; tanzende Schar; Tanzplatz«, das über lateinisch *chorus* ins Deutsche gelangte, wurde im Althochdeutschen (althochdeutsch *chōr*) im Sinne von »gemeinsamer Gesang der Geistlichen in der Kirche« (vergleiche *Choral*) verwendet.

Im Mittelhochdeutschen *(kōr)* bezeichnete das Wort einerseits den »Chorraum« (Ort, an dem der Chor sich aufstellt), andererseits die »Sängergruppe«. ♦ Griechisch *chorós* ist nicht sicher gedeutet. Wahrscheinlich gehört es mit seiner ursprünglichen Bedeutung »eingehegter Tanzplatz« zu der indogermanischen Wurzel *ĝher-* »greifen, (ein)fassen«, die auch dem Substantiv *Garten* zugrunde liegt.

Choreografie ....

Das seit dem 19. Jahrhundert bezeugte Fremdwort ist eine unter Einfluss von französisch *choréographie* entstandene Bildung zu griechisch *choreía* »Tanz« und *graphía* zu *graphein* »(ein)ritzen, schreiben«. Es bezeichnet die »Gestaltung, Einstudierung eines [Bühnen]tanzes«.

Cineast ....

Das Lehnwort bezeichnet einen Filmschaffenden, Filmkenner oder -kritiker, aber auch einen begeisterten Kinogänger. Es handelt sich um eine seit der 2. Hälfte des 20. Jahrhunderts belegte, aus französisch *cinéaste* übernommene Bildung, die sich aus den Bestandteilen *ciné(ma)* »Kino« und dem eine Person kennzeichnenden Suffix *-aste* zusammensetzt, eventuell einer Kürzung aus *(enthousi)aste*.

Clown ....

»Spaßmacher«: Wurde Ende des 18. Jahrhunderts aus englisch *clown* entlehnt und ist wohl durch die SHAKESPEARE-Übersetzungen bekannt geworden; ursprünglich die Charakterrolle des »Bauerntölpels« im alten englischen Theater und insofern wohl auf französisch *colon*, lateinisch *colonus* »Bauer« zurückgehend; seit dem 19. Jahrhundert »Spaßmacher im Zirkus«.

Collage

Das Lehnwort stammt aus dem Bereich der bildenden Kunst. Im Französischen wurde es erstmals Anfang des 20. Jahrhunderts im Zusammenhang mit den von GEORGES BRAQUE und PABLO PICASSO geschaffenen Bildkompositionen verwendet, die aus aufgeklebten Elementen aus bedrucktem Papier, Stoff und anderen Materialien bestanden. Die Collage ist demnach ein »Klebebild«; wörtlich übersetzt bedeutet das Wort »das Leimen, das Aufkleben«. Es gehört zum französischen Verb *coller*, einer Ableitung des Substantivs *colle* »Leim«. Dieses geht zurück auf gleichbedeutend lateinisch *colla*. Im Deutschen ist das Wort *Collage* gebräuchlich, seit diese Kunstform bekannt wurde: Die ersten Belege finden sich am Anfang des 20. Jahrhunderts. Wie im Französischen wurde die Bezeichnung ein halbes Jahrhundert später auf andere Kunstformen übertragen; es steht seither auch für »filmische, musikalische, choreografische oder literarische Kunstwerke, die aus unterschiedlichen Versatzstücken hergestellt sind«.

Comic

Das Substantiv ist eine seit Mitte des 20. Jahrhunderts belegte Entlehnung aus gleichbedeutend englisch *comic*. Dieses ist die Kürzung der im 1. Drittel des 20. Jahrhunderts verwendeten Bezeichnung *comic strip* (im Deutschen auch *Comicstrip*) aus *comic* »witzig, komisch, lustig« und *strip* »schmaler, langer Streifen«. Es war also der ursprünglich humoristische Charakter, der den *Comics* ihren Namen verlieh. Aufgekommen ist diese Form der Bildergeschichte in den USA, und zwar als kurze Bilderfolge in den Sonntagszeitungen.

Damast ....

»(Seiden)gewebe«: Die Wörter spätmittelhochdeutsch *damasch*
(Ende 14. Jahrhundert), *damast* (1. Hälfte 15. Jahrhundert nach
italienischem Vorbild), mittelniederdeutsch *damask* stammen
aus italienisch *damasco, damasto*, das ein aus der Stadt Damas-
kus in Syrien stammendes feines Gewebe bezeichnet, das im
Mittelalter nach Europa gelangte. Die Form *Damast* etabliert
sich im 18. Jahrhundert.

Design ....

»Entwurf(szeichnung); Muster, Modell (für Formgestaltung)«:
Das Substantiv wurde in der 2. Hälfte des 20. Jahrhunderts aus
gleichbedeutend englisch *design* entlehnt, das aus älter französisch *dessein* (heute: *dessin*) »Zeichnung, Muster« stammt.
♦ Das französische Wort gehört zum Verb *dessiner* »zeichnen«.
Dieses geht über italienisch *disegnare* auf lateinisch *designare*
»bezeichnen« zurück. ♦ Ableitung: **Designer** »Formgestalter«
(20. Jahrhundert).

Diapositiv

(Kurzform: Dia) »durchsichtiges, fotografisches Positivbild«:
Das seit Anfang des 20. Jahrhunderts bezeugte Wort ist gebildet
aus griechisch *diá* »durch« (= »durchsichtig«) und *Positiv*.

dichten

Das über mittelhochdeutsch *tihten* auf althochdeutsch *dihtōn*,
tihtōn »schriftlich abfassen, ersinnen« zurückgehende Verb ist
entlehnt aus lateinisch *dictare* »zum Nachschreiben vorsagen«
(diktieren). Neben der allgemeinen Bedeutung »ein Schriftwerk verfassen«, die bis ins 17. Jahrhundert währte, zeigt schon
mittelhochdeutsch *tihten* den heutigen Sinn »Verse machen«.
♦ Ableitungen: **Dichter** (mittelhochdeutsch *tihtære*. Das Substantiv blieb selten, bis es im 18. Jahrhundert als Ersatz für das
verflachte *Poet* neu belebt wurde); **Gedicht** (mittelhochdeutsch
getiht[e] »schriftliche Aufzeichnung«, »Erfindung, Betrug«; seit
dem 13. Jahrhundert begegnet der heutige Sinn »[lyrisches]
Dichtwerk«, der im Gegensatz zu *Lied* und *Spruch* noch heute
meist das Schreiben voraussetzt).

Dilettant

Das seit dem 18. Jahrhundert bezeugte Substantiv bezeichnete
zunächst nur den nicht beruflich geschulten Künstler bzw. den
Kunstliebhaber, dann allgemeiner den Nichtfachmann und
schließlich abwertend den Stümper. Das Wort ist entlehnt aus
italienisch *dilettante*. Das zugrunde liegende Verb italienisch
dilettare geht auf lateinisch *delectare* zurück und bedeutet wie
dieses »ergötzen, amüsieren«. Stammwort ist lateinisch *lacere*
»verlocken« bzw. *lactare* »locken, ködern«, das zusammenhängt
mit lateinisch *laqueus* »Strick als Schlinge«. Demnach bedeutet
lacere eigentlich etwa »in eine Schlinge locken«.

dirigieren ....

»leiten«: Das Verb wurde bereits im Laufe des 16. Jahrhunderts aus lateinisch *dirigere* »ausrichten; leiten« *(dis-regere)* entlehnt (es besteht ein Zusammenhang mit *regieren*). Aus dem Partizip Präsens lateinisch *dirigens* stammt das Substantiv **Dirigent** »(Chor)leiter, Kapellmeister« (Anfang 18. Jahrhundert). ♦ Zu lateinisch *dirigere* gehören zahlreiche Ableitungen und Nominalbildungen, die in entsprechenden Entlehnungen eine Rolle spielen, so in *Direktion, Direktive, Direktor.*

Diskothek ....

»Schallplattensammlung; Tanzlokal mit Schallplatten- oder Tonbandmusik«: Das Substantiv wurde in den 1930er-Jahren in der Bedeutung »Schallplattensammlung« aus dem französischen Wort *discothèque* entlehnt, einer Bildung zu französisch *disque* »Schallplatte« (aus lateinisch *discus*, griechisch *dískos* »Scheibe«; vergleiche hierzu *Diskus*) und französisch *-thèque* (aus griechisch *thḗkē* »Behältnis«, Zusammenhang zu *Theke*). Seit den 1960er-Jahren wird es unter amerikanisch-englischem Einfluss für Tanzlokale verwendet. Das Wort ist nach dem Vorbild von Zusammensetzungen wie *Bibliothek* gebildet.

Diva ....

Die Bezeichnung für »gefeierte Künstlerin« wurde zunächst Mitte des 17. Jahrhunderts aus lateinisch *diva* »Göttin« entlehnt, dann im 19. Jahrhundert aus gleichbedeutend italienisch *diva* neu entlehnt. Das Substantiv bezeichnet demnach die abgöttisch verehrte Künstlerin. Zugrunde liegt lateinisch *diva (divus)* »göttlich«, das zum Stamm von lateinisch *deus* (altlateinisch *deivos*) »Gott« gehört.

Diwan ....

»Sofa«: Das Substantiv wurde am Anfang des 17. Jahrhunderts durch romanische Vermittlung (französisch *divan*, italienisch *divano*) aus türkisch *divan* entlehnt, das zuerst den mit Polsterbänken oder Sitzkissen ausgestatteten Empfangsraum in den Häusern vornehmer Türken bezeichnet, später auch solche Polsterbänke selbst. Voraus liegt persisch *dīwān* »Schreib-, Amtszimmer; (Sitz des) Staatsrat(es)«. Der Ausdruck gehört zu persisch *dabīr* »Schreiber« und bedeutete ursprünglich »Sammlung beschriebener Blätter«, dann auch »Gedichtsammlung«. Diese Bedeutung wurde bei uns durch JOHANN WOLFGANG VON GOETHES *Westöstlichen Diwan* (1819) bekannt.

Dompteur ....

Die Bezeichnung für »Tierbändiger« wurde im 20. Jahrhundert aus französisch *dompteur* entlehnt. Dem Substantiv liegt französisch *dompter* »zähmen« zugrunde, das auf gleichbedeutend lateinisch *domitāre*, eine Intensivbildung zu dem mit deutsch *zähmen* urverwandten Verb lateinisch *domāre*, zurückgeht.

Drama ....

»Schauspiel«, auch übertragen im Sinne von »aufregendes, erschütterndes Geschehen« gebraucht: Das Substantiv wurde am Ende des 16. Jahrhunderts aus gleichbedeutend griechisch-lateinisch *drāma* (Grundbedeutung: »Geschehen, Handlung«) entlehnt. Zugrunde liegt griechisch *drān* »tun, handeln«, zu dem sich griechisch *drāstikós* »wirksam« stellt. ♦ Ableitungen: **dramatisch** »aufregend, spannend« (17. Jahrhundert; vielleicht beeinflusst von französisch *dramatique* nach griechisch-lateinisch *drāmatikós*); **Dramatik** »erregende Spannung« (18. Jahrhundert); **Dramatiker** »Schauspieldichter« (18. Jahrhundert);

dramatisieren »als Drama darstellen; übertrieben aufregend darstellen« (18. Jahrhundert). ♦ Zusammensetzung: **Dramaturg** »literarischer Berater des Bühnenleiters« (18. Jahrhundert); aus griechisch *drāmatourgós* »Schauspielmacher, -dichter« entlehnt. Dazu **Dramaturgie** »Gestaltung eines Dramas; Tätigkeit des Dramaturgen« (Ende des 18. Jahrhunderts von Gotthold Ephraim Lessing zu griechisch *drāmatourgía* gebildet).

drucken

Die Kunst des Buchdrucks hat sich im 15. Jahrhundert zuerst in Oberdeutschland ausgebildet, sodass die umlautlose oberdeutsche Form von »drücken« schnell zum Fachwort wurde. Das Abdrücken von Platten (Holzschnitten) oder Lettern auf Papier oder Stoff war im Gegensatz zum Schreiben das wesentliche Kennzeichen des neuen Verfahrens. ♦ Ableitungen: **Drucker** (15. Jahrhundert); **Druckerei** (15. Jahrhundert; auch für das Handwerk gebraucht). ♦ Zusammensetzungen: **Druckfehler** (17. Jahrhundert); **Drucksache** (Anfang des 18. Jahrhunderts im Sinne von »gedruckter Bogen«, so zum Beispiel noch für die Arbeitsvorlagen der Parlamente).

Dur

Die seit dem 17. Jahrhundert belegte musikalische Bezeichnung der »harten Tonart« (im Gegensatz zu ☞ Moll) geht auf das lateinische Adjektiv *durus* »hart« zurück. Der charakteristische Unterschied zwischen Dur und Moll besteht in dem Dreiklang mit der großen Terz, der als »hart« empfunden wurde.

Edition

»Ausgabe, Herausgabe von Schriften«: Das Substantiv wurde Anfang des 16. Jahrhunderts aus lateinisch *ēditio*, einer Ableitung von lateinisch *ēdere* »herausgeben«, entlehnt. Aus dem lateinischen Verb wird in der Mitte des 16. Jahrhunderts auch das Verb **edieren** »herausgeben« entlehnt. ♦ Ableitung: **Editor** »Herausgeber« (Ende 17. Jahrhundert); **Editorial** »Leitartikel« (Mitte 20. Jahrhundert, über das Englische).

Empire

Die seit dem 19. Jahrhundert belegte Bezeichnung für den Stil und die Stilepoche der Zeit NAPOLEONS I. und der folgenden Jahre ist aus französisch *(style) Empire* entlehnt. Französisch *empire* »Kaiserreich« geht auf lateinisch *imperium* zurück.

Ensemble

»Gruppe, Zusammenstellung; gemeinsam auftretende Gruppe von Musikern«: Das Wort ist aus französisch *ensemble* entlehnt, zunächst (Ende 18. Jahrhundert) im Kontext von Architektur, Theater, bildender Kunst, dann übertragen auf die Gruppe der Künstler (19. Jahrhundert) und später (20. Jahrhundert) verallgemeinert. Das Substantiv gehört zum französischen Adjektiv *ensemble* »zusammen«, was auf lateinisch *īnsimul* »zusammen, zugleich« zurückgeht.

Episode

Die Bezeichnung für »unbedeutende Begebenheit« wurde am Ende des 17. Jahrhunderts aus französisch *épisode* entlehnt, einem Bühnenwort, das auf griechisch *ep-eis-ódion* zurückgeht. Griechisch *epeisódion* »Hinzukommendes« bezeichnete in der altgriechischen Tragödie die zwischen die einzelnen Chorlieder eingeschobenen Dialogteile. Da der Chor der Hauptträger der Handlung war, wurden die hinzukommenden Dialogteile der handelnden Personen als »unwesentliche Nebensache« empfunden. Das Grundwort in griechisch *ep-eis-ódion* ist griechisch *hodós* »Weg«.

Epos

»erzählende Dichtung; Heldengedicht«: Das Substantiv wurde aus griechisch(-lateinisch) *épos* »Wort; Rede, Erzählung; Heldendichtung« im frühen 18. Jahrhundert entlehnt. ◆ Ableitung: **episch** »[breit] erzählend« (Mitte 17. Jahrhundert; aus lateinisch *epicus* ◄ griechisch *epikós*), dazu **Epik** »erzählende Dichtkunst« und **Epiker** »epischer Dichter« (Ende 18. Jahrhundert).

erhaben

Mittelhochdeutsch *erhaben*, das alte Partizip Perfekt von *erheben* »in die Höhe heben«, hat sich in adjektivischem Gebrauch erhalten (sonst neuhochdeutsch *erhoben*). Es bedeutete zunächst

»emporragend« (zum Beispiel von Bergen; heutzutage noch im Fachwort *erhabene Arbeit* für »Relief«) und entwickelte dann, besonders seit dem 17. Jahrhundert, die übertragene Bedeutung »vornehm, hochstehend«, die hauptsächlich im sittlichen und ästhetischen Bereich gebraucht wird.

Erker

»Vorbau«: Das Wort mittelhochdeutsch *erker(e)*, *ärkēr* wurde wahrscheinlich aus nordfranzösisch *arquière* »Schützenstand, Schießscharte« (eigentlich »Mauerausbuchtung«) entlehnt, das seinerseits auf mittellateinisch **arcuarium* »bogenförmige Ausbuchtung« (zu lateinisch *arcus* »Bogen«) zurückgeht. Vom Festungsbau sind Wort und Sache in den Hausbau übertragen worden.

Expressionismus

»Ausdruckskunst« (im frühen 20. Jahrhundert aufkommende Kunstrichtung): Der Fachausdruck ist eine zum Teil unter Einfluss von französisch *expressionisme* entstandene neulateinische Bildung zu lateinisch *expressio* »Ausdrücken, Ausdruck«, das zu *ex-primere* »ausdrücken« gehört. ♦ Dazu stellen sich die Bildungen **Expressionist** und **expressionistisch**.

Fabel

Das schon im Mittelhochdeutschen belegte Substantiv wurde durch französische Vermittlung (altfranzösisch, französisch *fable*) aus lateinisch *fabula* »Erzählung, Sage« entlehnt. Bis ins 18. Jahrhundert galt *Fabel* einzig in dieser allgemeinen Bedeutung, wie sie noch erhalten ist in den Ableitungen **fabelhaft** »unglaublich, fantastisch«, dann auch »hervorragend« (spätes 17. Jahrhundert), und **fabeln** »Geschichten ersinnen und erzählen« (frühneuhochdeutsch). Erst im Laufe des 18. Jahrhunderts kam nach dem Vorbild der Tierfabeln ÄSOPS die heute allgemein gültige Bedeutung »lehrhafte (erdichtete) Erzählung« auf; vergleiche zum Beispiel die Wendung *fabula docet* »die Fabel lehrt« (das heißt »die Moral von der Geschichte ist«). Zu lateinisch *fabula*, das sich mit einer Grundbedeutung »Rede, Gerücht« zur Wortfamilie von lateinisch *fari* »sprechen« stellt, gehört als Ableitung lateinisch *fabulari* »sprechen, schwatzen, plaudern, fantasieren«, das im 15. Jahrhundert Basis für das Verb **fabulieren** war.

Fakir

»Asket; Gaukler, Zauberkünstler«: Das seit dem 18. Jahrhundert belegte Wort geht zurück auf arabisch *faqīr* »arm«, das in alle europäischen Sprachen zur Bezeichnung des »Bettelmönchs« entlehnt wurde. Zunächst für besitzlose islamische Derwische, wird es anschließend auch für muslimische und hinduistische indische Asketen verwendet. Die jüngere Bedeutung »Gaukler« erklärt sich aus dem Verhalten besonders der indischen Fakire, die oft als wandernde Wundertäter auftreten.

Faksimile

»Nachbildung einer handschriftlichen Vorlage«: Der seit dem frühen 19. Jahrhundert belegte Fachausdruck – im Englischen schon im 17. Jahrhundert nachgewiesen – ist substantiviert aus lateinisch *fac simile* »mache ähnlich!« und im Deutschen wohl unter englischem Einfluss aufgekommen.

Falsett

»Fistelstimme«: Die Bezeichnungen der verschiedenen menschlichen Stimmlagen wie ☞ Bass, ☞ Tenor, *Sopran*, ☞ Alt stammen aus dem Italienischen, so auch *Falsett*. Das vorausliegende Substantiv italienisch *falsetto* wird im 17. Jahrhundert entlehnt und bezeichnet die im Verhältnis zur jeweils normalen Stimmlage des Sängers (bzw. auch Instrumentes) »falsche« (Sing)stimme. Das Wort ist abgeleitet von dem auf lateinisch *falsus* zurückgehenden Adjektiv italienisch *falso* »falsch«.

Fan

»begeisterter Anhänger«: Das Mitte des 20. Jahrhunderts aus gleichbedeutend englisch *fan* entlehnte Wort ist eine Kurzform von englisch *fanatic* (vergleiche *fanatisch*).

Fantasie

»Vorstellung(svermögen), Einbildung(skraft); Erfindungsgabe, Einfallsreichtum; Trugbild«: Das Substantiv wurde bereits in mittelhochdeutscher Zeit als *fantasīe* aus griechisch-lateinisch *phantasía* »Erscheinung; geistiges Bild, Einbildung, Vorstellung« übernommen. Dem griechischen Substantiv liegt das Verb griechisch *phantázesthai* »sichtbar werden, erscheinen« zugrunde. Dieses gehört seinerseits zu griechisch *phaínein* »sichtbar machen; (medial) sichtbar werden, erscheinen«. **Fantasia** »instrumentales Musikstück, mit freier, improvisationsähnlicher Gestaltung«, für das auch **Fantasie** gebräuchlich ist, stammt aus gleichbedeutend italienisch *fantasia* (◄ lateinisch *phantasia*).

Feuilleton

»literarischer Unterhaltungsteil einer Zeitung«: Das im frühen 19. Jahrhundert aus französisch *feuilleton* entlehnte Substantiv bezeichnet eigentlich das unterhaltende »Beiblättchen« einer Zeitung. Formal gehört es zu französisch *feuille* »Blatt«, das auf vulgärlateinisch *folia* zurückgeht.

Fiasko

Das seit Anfang des 19. Jahrhunderts bezeugte Wort bedeutet »Misserfolg, Zusammenbruch«. Es war anfänglich nur in der Bühnensprache gebräuchlich für Theaterstücke, die beim Publikum nicht ankamen. Es ist – vielleicht unter französischem Einfluss – entlehnt aus italienisch *fiasco* in der Wendung *far fiasco*, eigentlich »Flasche machen«. Neuhochdeutsch *Flasche*, dessen germanische Vorform **flaskō* dem italienischen *fiasco* zugrunde liegt, weist in seiner umgangssprachlichen Nebenbedeutung »Versager« in die gleiche Richtung.

Filigran

Der Begriff für »Zierarbeit aus feinen Gold- und Silberfäden« wurde am Ende des 17. Jahrhunderts aus italienisch *filigrana* entlehnt (die Filigranindustrie florierte damals besonders in Florenz und Rom). Das italienische Wort bedeutet eigentlich etwa »Faden und Korn«.

Film

Das Substantiv wurde aus englisch *film* (altenglisch *fylmen*) entlehnt, das zur germanischen Wortgruppe um *Fell* gehört und eigentlich »Häutchen« bedeutet, dann allgemein »dünne Schicht« (so auch in unserem Sprachgebrauch, besonders in Zusammensetzungen wie *Ölfilm*). Ende des 19. Jahrhunderts wurden fotografische Filme, eine auf Glas getrocknete Masse, erstmals verwendet. Mit der Sache wurde auch die Bezeichnung übernommen (vergleiche auch Zusammensetzungen wie *Spielfilm* oder *Filmstar*).

Finale

»Schlussteil« (besonders in der Musik als »Schlusssatz eines Tonstücks« und im Sport als »Endkampf, Endspiel, Endrunde«): Das Substantiv wurde als musikalischer Fachausdruck schon zu Beginn des 17. Jahrhunderts aus dem Italienischen entlehnt und ein zweites Mal im 20. Jahrhundert in seiner Bedeutung im Sport, hier wahrscheinlich durch französische Vermittlung. Italienisch *finale* geht zurück auf lateinisch *finalis* »die Grenze, das Ende betreffend«, eine Ableitung von *finis* »Grenze, Ende«.

Fliese

Das Substantiv bezeichnet eine aus Stein oder Ton gefertigte Boden- und Wandplatte und wurde schon im 17. Jahrhundert aus dem Niederdeutschen aufgenommen. Mittelniederdeutsch *vlīse* »Steinplatte« ist verwandt mit altisländisch *flīs* »Splitter« und gehört zu der Wortgruppe um »spalten«.

Folklore ....

»Volkskunst«: Das Substantiv wurde Ende des 19. Jahrhunderts aus gleichbedeutend englisch *folklore* entlehnt, einer Bildung aus englisch *folk* »Leute, Volk« und *lore* »Kunde, Überliefertes« (vergleiche *Lehre*).

Fontäne ....

»mächtiger, aufsteigender (Wasser)strahl (insbesondere eines Springbrunnens)«: Das schon seit Ende des 16. Jahrhunderts bezeugte, aus französisch *fontaine* »(Spring)brunnen« entlehnte Substantiv (jedoch schon mittelhochdeutsch *fontāne, funtāne* »Quelle« als Lehnwort aus dem Altfranzösischen) gehört zu weiteren Entlehnungen aus dem Bereich der Gartenbaukunst der Renaissancezeit, die uns teils unmittelbar aus Frankreich, teils durch niederländische Vermittlung erreichten. Das Substantiv französisch *fontaine* geht zurück auf vulgärlateinisch *fontāna* »Quelle«, das zu dem gleichbedeutenden Substantiv lateinisch *fōns (fontis)* gehört.

foto-, Foto- ....

Dem Bestimmungswort von Zusammensetzungen mit der Bedeutung »Licht; Lichtbild« wie in ☞Fotografie liegt das Wort griechisch *phōs, phōtós (*pháṷos)* »Licht« zugrunde, das auch in *Phosphor* erscheint. Es ist mit griechisch *phaínein* »sichtbar machen, zeigen« verwandt (hier besteht ein Zusammenhang mit *Phänomen*).

Fotografie ....

Die Bezeichnung für »(technisches) Verfahren zur Herstellung dauerhafter, durch elektromagnetische Strahlen oder Licht erzeugter Bilder; Lichtbild« wurde Mitte des 19. Jahrhunderts aus gleichbedeutend englisch *photography* entlehnt. Dies ist eine gelehrte Neubildung des britischen Astronomen und Chemikers JOHN FREDERICK WILLIAM HERSCHEL (1792–1871) aus griechisch *phōs (phōtós)* »Licht« (vergleiche dazu ☞ foto-, Foto-) und griechisch *gráphein* »schreiben, aufzeichnen« (vergleiche auch ☞ Grafik). Das Substantiv bedeutet dann wörtlich etwa »Lichtschreibkunst«.

Foyer ....

Der Ausdruck für »Vorhalle, Wandelgang (im Theater)« wurde Anfang des 19. Jahrhunderts aus gleichbedeutend französisch *foyer* entlehnt, dessen Grundbedeutung »Herd; Raum mit einem Herd, Wärmeraum« ist. Das französische Wort geht auf vulgärlateinisch **focarium* zurück, eine Substantivierung von lateinisch *focārius* »zum Herd, zur Feuerstätte gehörend«, das zu lateinisch *focus* »Herd, Feuerstätte« gehört. Im Foyer, dem Raum mit der Feuerstätte, kamen die Zuschauer und ursprünglich auch die Schauspieler vor den Aufführungen und während der Pausen zusammen, zum Aufwärmen und Entspannen und zum Gedankenaustausch.

Fresko ....

»Wandmalerei auf frischem, feuchtem Kalkputz«: Das Wort ist wie zahlreiche andere Fachwörter der bildenden Kunst (so zum Beispiel ☞ Miniatur, *Skizze*) auch italienischer Herkunft. Es ist zunächst verkürzt aus der Zusammensetzung *Freskogemälde* (um 1700), die zurückgeht auf italienisch *pittura a fresco*.

Im Laufe des 19. Jahrhundert erscheint als jüngere Entlehnung aus französisch *fresque* (italienisch *fresco*) gleichbedeutend **Freske** (Plural *Fresken*). Italienisch *fresco* »frisch« ist wie entsprechend französisch *frais* aus einer germanischen Vorform unseres Adjektivs *frisch* hervorgegangen.

Fuge

Der Begriff für »mehrstimmiges Tonstück, bei dem ein Thema durch alle Stimmen in (strenger) Wiederholung durchgeführt wird« geht auf lateinisch *fuga* »Flucht, Entrinnen« zurück. In der Fachsprache der Musik wird es also metaphorisch verwendet. Anfangs bezeichnet es nur den Kanon (15. Jahrhundert), in der heutigen Bedeutung ist es seit dem 17. Jahrhundert belegt.

furios

»wütend, hitzig«: Die Form *furios* trat in neuerer Zeit an die Stelle von älterem *furiös*. Dieses wurde im 16. Jahrhundert aus gleichbedeutend französisch *furieux* entlehnt. Das Adjektiv ist vermutlich nach italienisch *furioso* umgestaltet worden, das als musikalische Vortragsbezeichnung im Sinne von »wild, leidenschaftlich, feurig« entlehnt wurde und auch substantiviert in **Furioso** »leidenschaftliches Tonstück« gebräuchlich ist. Voraus liegt lateinisch *furiosus* »wütend, rasend« (zu lateinisch *furia* »Wut, Raserei«. Vergleiche dazu *Furie*).

Gage

»Künstlergehalt«: Das Wort wurde im frühen 17. Jahrhundert aus französisch *gage* »Pfand, Unterpfand, Löhnung, Sold« entlehnt. Zunächst noch ganz im militärischen Bereich im Sinne von »Entlöhnung« verwendet, wird *Gage* seit dem 18. Jahrhundert auch, wie heute ausschließlich, in der Theatersprache gebraucht, während von den abgeleiteten Wörtern *engagieren* und *Engagement* Ersteres auch allgemeinsprachlich üblich ist.

Galerie

Das Substantiv wurde im frühen 16. Jahrhundert als Terminus der Architektur und (Garten)baukunst aus italienisch *galleria* (entsprechend französisch *galérie*) »langer, bedeckter Säulengang« entlehnt; dann auch übertragen verwendet, so vor allem für einen mit Kunstschätzen umfangreich ausgestatteten Saal (vergleiche die Zusammensetzung *Gemäldegalerie*). Stammwort ist wohl der biblische Name Galiläa (das heidnische Land, im Gegensatz zu Judäa), mit dem man seit dem 10. Jahrhundert, zunächst in Rom, die Vorhallen (von Kirchen) bezeichnete, in denen die Heiden, die sogenannten Galiläer, herumlungerten.

gaukeln ....

Das Verb mittelhochdeutsch *goukeln*, althochdeutsch *gougalōn* »Zauberei treiben, Possen reißen« (vergleiche gleichbedeutend niederländisch *goochelen*) ist abgeleitet von dem Substantiv mittelhochdeutsch *goukel*, althochdeutsch *gougal* »Zauberei; Taschenspielerei; Posse«. Im Ablaut dazu stehen mittelhochdeutsch *giege(l)* »Narr, Tor«, *giege(le)n* »narren«, niederländisch mundartlich *guichel* »Narr«, deren weitere Herkunft unbekannt ist. ♦ Mundartliche Nebenformen von *gaukeln* sind **gokeln, kokeln** vorwiegend mitteldeutsch und norddeutsch für »mit Licht oder Feuer spielen; mit dem Stuhl wippen«.

Geländer ....

Spätmittelhochdeutsch *gelenter* (15. Jahrhundert, älter *gelanter*, 14. Jahrhundert) ist eine Kollektivbildung zu dem im Neuhochdeutschen ausgestorbene Substantiv mittelhochdeutsch *lander* »Stangenzaun«. Dieses gehört zu dem Baumnamen *Linde* und bedeutet eigentlich »Latte, Stange aus Lindenholz«.

gelb ....

Das aus dem Westgermanischen stammende Adjektiv mittelhochdeutsch *gel*, althochdeutsch *gelo*, niederländisch *geel*, englisch *yellow* steht im Ablaut zu der nordischen Wortfamilie um schwedisch *gul* »gelb« und gehört mit dieser zu der vielfach weitergebildeten und erweiterten indogermanischen Wurzel *$\hat{g}hel(\partial)$-, *$\hat{g}hl\bar{e}$- »glänzend, (gelblich, grünlich, bläulich) schimmernd, blank«. Außergermanisch sind zum Beispiel verwandt altindisch *hári-* »gelb, goldgelb, blond, grüngelb«, griechisch *chlōrós* »gelbgrün«, lateinisch *helvus* »honiggelb« und russisch *zelënyj* »grün«. Aus dem germanischen Sprachraum gehören ferner dazu die Substantivbildungen ☞ Gold (eigentlich »das Gelbliche, das Blanke«) und ☞ Glas (ursprünglich »Bernstein«) sowie die Gruppen um *Glanz, glänzen, gleißen* (dazu *glitzern*), *glimmen* (dazu *glimmern, Glimmer*), *glühen* (dazu *Glut*) und *glotzen* (eigentlich »[an]strahlen«). Einen Bedeutungsübergang von »glänzend, blank (sein)« zu »glatt (sein)« gibt es zu *glatt* (dazu *Glatze*) und *gleiten* (dazu *glitschen*).

Genie ....

Die Bezeichnung für »überragende schöpferische Geisteskraft; hervorragend begabter schöpferischer Mensch« wurde Ende des 17. Jahrhunderts aus gleichbedeutend französisch *génie* entlehnt, das geht zurück auf lateinisch *genius* »Schutzgeist«, in dessen spätlateinischer Bedeutung »schöpferischer Geist, natürliche Begabung«.

genießen ....

Das gemeingermanische Verb mittelhochdeutsch *(ge)nieʒʒen*, althochdeutsch *(gi)nioʒan*, gotisch *(ga)niutan*, englisch *nēotan*, schwedisch *njuta* geht mit verwandten Wörtern in anderen indogermanischen Sprachen auf die Wurzel **neud-* »ergreifen, fangen« zurück, vergleiche zum Beispiel dazu litauisch *naudà* »Nutzen, Vorteil, Gewinn«. Die alte Bedeutung bewahrt im germanischen Sprachbereich gotisch *(ga)niutan* »ergreifen, erreichen«, vergleiche dazu die Substantivbildung gotisch *nuta* »Fischer« (eigentlich »Fänger«). Da das, was man fängt, einem gehört, entwickelten sich aus »fangen, ergreifen« die Bedeutungen »innehaben, benutzen, gebrauchen, Freude an etwas haben«. Um das gemeingermanische Verb gruppieren sich die

Bildungen *Genosse* (ursprünglich »der die Nutznießung einer Sache mit einem anderen gemeinsam hat«), *nütze* (eigentlich »was gebraucht werden kann«) und die Wortfamilie um *Nutzen*.

Gespenst

Das im germanischen Sprachbereich lediglich im Deutschen gebräuchliche Wort mittelhochdeutsch *gespenst(e)*, althochdeutsch *gispensti* »(Ver)lockung, (teuflisches) Trugbild, Geistererscheinung« ist eine Bildung zu dem im Neuhochdeutschen untergegangenen Verb *spanan* »locken, reizen«, vergleiche altenglisch *spanan* »reizen, verlocken, überreden«. ♦ Das Gespenst spielt im deutschen Volksglauben eine wichtige Rolle und ist ein beliebtes Motiv in der deutschen Literatur.

Gitarre

Die Bezeichnung des Musikinstruments wurde bereits gegen Ende des 16. Jahrhunderts aus spanisch *guitarra* entlehnt und gelegentlich noch im 18. Jahrhundert in der Form *Guitarra (Guitarre)* gebraucht. Dem Wort, das den Spaniern durch die Mauren aus arabisch *qīṭārah* vermittelt wurde, liegt griechisch *kithárā* zugrunde, aus dem auch das Lehnwort ☞ Zither stammt.

Glas

»durchsichtiger bzw. lichtdurchlässiger, harter, spröder Stoff«: Glas war dem germanischen Kulturkreis fremd. Als die Germanen Glas, und zwar zunächst in Form von Perlen und Schmuck, von den Römern kennenlernten, bezeichneten sie es mit ihrem heimischen Wort für »Bernstein«. Diese Übertragung der Bezeichnung lag nahe, da auch der Bernstein fast ausschließlich in Form von Schmuck gehandelt wurde. Die ursprüngliche Bedeutung »Bernstein« lässt sich noch für althochdeutsch *glas* belegen, auch das latinisierte germanische *glaesum* und die im grammatischen Wechsel zu *Glas* stehenden mittelniederdeutsch *glār* und altenglisch *glǣr* bedeuten »Bernstein«. Mittelhochdeutsch, althochdeutsch *glas*, niederländisch *glas*, englisch *glass* gehen auf germanisch **glaza-* »Bernstein« zurück, das zu der vielfach weitergebildeten und erweiterten indogermanischen Wurzel **ĝhel-* »glänzend, schimmernd, blank« gehört. Der Bernstein ist folglich nach seinem Glanz oder nach dem gelblichen Farbton bezeichnet (☞ gelb).

Glocke ....

Die im 6. Jahrhundert aus Nordafrika nach Italien eingeführten Glocken fanden auch im übrigen Europa schnell Verbreitung. Insbesondere in Irland wurden kunstvolle Glocken für gottesdienstliche Zwecke hergestellt. Im Zuge der Missionstätigkeit irischer Mönche lernten die Germanen diese Glocken kennen und übernahmen mit der Sache auch das Wort. Mittelhochdeutsch *glocke*, althochdeutsch *glocca*, *clocca*, niederländisch *klokke* (daraus dann entlehnt englisch *clock* »Uhr«), schwedisch *klocka*, altenglisch *clucge*, beruhen auf einem keltischen **cloc* (= irisch *clocc*) »Glocke, Schelle«, das seinerseits schallnachahmenden Ursprungs ist und mit der Wortgruppe von *lachen* urverwandt ist.

> **Glocke ¶ etwas an die große Glocke hängen**
> (umgangssprachlich) »etwas überall herumerzählen«
> ♦ Die Wendung geht auf den alten Brauch zurück, Bekanntmachungen, öffentliche Rügen, drohende Gefahr usw. der Allgemeinheit mit einer Glocke anzukündigen.

Gold

Die gemeingermanische Bezeichnung des teuren Edelmetalls gehört mit weiteren verwandten Wörtern in anderen indogermanischen Sprachen zu der indogermanischen Wurzel *ĝhel- »glänzend, schimmernd, blank«. Germanisch *gulþa-z »Gold«, auf das mittelhochdeutsch *golt*, althochdeutsch *gold*, gotisch *gulþ*, englisch *gold* und schwedisch *guld* zurückgehen, bedeutet demnach »das Gelbliche« (☞ gelb) oder »das Glänzende, das Blanke«. Das Metall ist somit nach seinem Farbton oder nach seinem Glanz bezeichnet. ♦ Die Germanen kannten, wie sich aus den Funden ergibt, das Gold schon in der frühen Bronzezeit. Neben Kupfer und Bronze war es der beliebteste Grundstoff für die Fertigung von Schmuck. Auch in der Vorstellungswelt der Germanen spielte das Gold als Inbegriff des Reichtums und der Machtfülle eine bedeutende Rolle.

Gong

Das Wort gehört zu den wenigen Entlehnungen malaiischen Ursprungs (wie *Bambus* und *Kakadu*), die überwiegend durch englische Vermittlung nach Europa gelangten. Angloindisch *gong*, das im 19. Jahrhundert ins Deutsche entlehnt wurde, geht zurück auf malaiisch *(e)gung*, das ein Schallbecken aus Metall bezeichnet, wie es von Ureinwohnern auf Java verwendet wird.

gotisch

»den europäischen Kunststil von der Mitte des 12. bis zum Ende des 15. Jahrhunderts betreffend, ihn kennzeichnend, ihm eigen«: Das Adjektiv wurde zunächst im frühen 16. Jahrhundert zur Kennzeichnung der Zugehörigkeit zum Volk der Goten aus mittellateinisch *gothicus* entlehnt; im 18. Jahrhundert dann aus gleichbedeutend französisch *gothique* bzw. englisch *gothic* in der heutigen Bedeutung erneut entlehnt. Der gemeinsame Ausgangspunkt ist das mittellateinische Adjektiv *gothicus* »die Goten betreffend, gotisch«, das im Italien der Renaissance den als barbarisch und roh empfundenen mittelalterlichen Baustil kennzeichnete, der auf die Goten, also die Germanen, zurückgeführt wurde. ♦ Dazu stellt sich seit Ende des 18. Jahrhunderts das Substantiv **Gotik.**

Graffito, (im Plural:) Graffiti ....

Das Wort bezeichnet in der Kunst »in eine Wand eingekratzte Inschrift« und eine »ornamentale oder figurale Parole oder Figur auf einer Marmorfliese«. Er wurde Anfang des 18. Jahrhunderts aus italienisch *graffito* (eigentlich »das Gekratzte«) übernommen und gehört zu *graffiare* »kratzen«. Meistens im Plural *Graffiti* erscheint das Wort im Sinne von »auf Mauern, Fassaden oder Ähnliches gesprühte oder gemalte Wörter oder Bilder«. Diese Bedeutung hat es aus englisch *graffito, graffiti* in der 2. Hälfte des 20. Jahrhunderts übernommen.

Grafik ....

(Sammelbezeichnung für Holzschnitt, Kupferstich, Lithografie und Handzeichnung): Das Substantiv ist im 19. Jahrhundert aus griechisch *graphikḗ (téchnē)* »die Kunst zu schreiben, zu zeichnen, zu malen« entlehnt. Das griechische Adjektiv *graphikós* »das Schreiben usw. betreffend« gehört zu dem mit neuhochdeutsch *kerben* urverwandten Verb griechisch *gráphein* »ritzen, einritzen, schreiben«, das unter anderem auch als Grundwort -**graf, -grafie** bzw. -**graph, -graphie** in Zusammensetzungen wie *Biograf, Biografie, Geografie, Kartograf, Kartografie, Stenografie* erscheint. Eine gelehrte Neubildung zu *gráphein* ist *Grafit,* während in unserem Lehnwort *Griffel* das griechische

47

Substantiv *grapheīon* »Schreibgerät« vorliegt. ♦ Unmittelbar zu *Grafik* gehören die Bildungen **Grafiker** (20. Jahrhundert) und **grafisch** (19. Jahrhundert).

grotesk ....

»wunderlich, verzerrt, seltsam«: Das Adjektiv wurde im späten 16. Jahrhundert durch Vermittlung von französisch *grotesque* aus italienisch *grottesco*, einem von *grotta* abgeleiteten Adjektiv, entlehnt, das ursprünglich in Fügungen wie *grottesca pittura* fantastische antike Wand- und Deckenmalereien bezeichnete, wie man sie in *Grotten* und Kavernen, aber auch in anderen Gebäuden aus römischer Zeit gefunden hatte. Das Wort war lange Zeit nur mit Beziehung auf Malereien gebräuchlich und ging erst seit der Mitte des 18. Jahrhunderts langsam in den allgemeinen Gebrauch über. Vergleiche das Substantiv **Groteske** »fantastisch gestaltete Tier- und Pflanzenmotive in der Ornamentik der Antike und der Renaissance; derbkomische, überspannte Erzählung; ins Verzerrte gesteigerter Ausdruckstanz« (als Terminus der bildenden Kunst bereits im 16. Jahrhundert; über französisch *grotesque* aus italienisch *grottesca*, eigentlich »zur Höhle gehörig«).

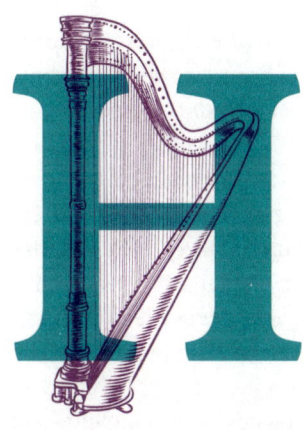

Harfe

Die gemeingermanische Bezeichnung des Musikinstruments mittelhochdeutsch *harpfe*, althochdeutsch *har(p)fa*, niederländisch *harp*, englisch *harp*, schwedisch *harpa* gehört vielleicht zur indogermanischen Wurzelform *(s)kerb(h)-* »(sich) drehen, (sich) krümmen, schrumpfen«. Das Musikinstrument wäre demzufolge danach bezeichnet, dass es mit gekrümmten Fingern gezupft wird. Die Bezeichnung könnte sich allerdings auch auf die gekrümmte Form der Harfe beziehen. Die gemeingermanische Bezeichnung des Musikinstruments wurde auch in die romanischen Sprachen entlehnt, vergleiche französisch *harpe*, italienisch *arpa*, spanisch *(h)arpa* »Harfe«.

Harlekin

»Hanswurst«: Der Harlekin ist ursprünglich eine Narrengestalt der italienischen Komödie, deren italienischer Name *arlecchino* durch französische Vermittlung (französisch *harlequin*, heute: *arlequin*) ab Mitte des 17. Jahrhunderts bei uns bekannt wurde.

Die Quelle des italienischen Wortes ist die im Altfranzösischen bezeugte Fügung *maisnie Hellequin* »Hexenjagd; wilde, lustige Teufelsschar«, deren Herkunft nicht sicher gedeutet ist.

Held

Die Herkunft des gemeingermanischen Substantivs *haliþ-*, *haluþ-* »(freier) Mann; Krieger; Held« (mittelhochdeutsch *held*, niederländisch *held*, altenglisch *hæle[đ]*, schwedisch *hjälte*) lässt sich nicht befriedigend deuten. Seit dem 18. Jahrhundert wird *Held* auch im Sinne von »Hauptperson einer Dichtung« – vielleicht nach dem Vorbild von englisch *hero* – gebraucht, woran sich die Verwendung des Wortes im Sinne von »Person, um die sich alles dreht« anschließt.

Hit

Das seit der 2. Hälfte des 20. Jahrhunderts gebräuchliche Wort steht für einen »(musikalischen) Verkaufsschlager« und wurde aus englisch *hit* entlehnt, mit der eigentlichen Bedeutung »Treffer, Schlag«. ♦ Zusammensetzungen: **Hitliste** »Verzeichnis der innerhalb eines bestimmten Zeitraumes beliebtesten Sachen«, **Hitparade** »Rangliste der meistverkauftenMusiktitel«.

Hokuspokus

(Zauberformel der Taschenspieler, auch übertragen im Sinne von »Gaukelei, Blendwerk«): Das Wort geht wahrscheinlich auf eine im 16. Jahrhundert bezeugte pseudolateinische Zauberformel fahrender Schüler *hax, pax, max, deus adimax* zurück, deren Anfang verstümmelt wurde und seit dem 17. Jahrhundert – zunächst in England als *hocas pocas*, auch *hocos pocos* »Taschenspieler« – in verschiedener Form erscheint. Vermutlich liegt die Messformel *hoc est enim corpus meum* zugrunde.

Honorar

»Vergütung (besonders für Arbeitsleistung in freien Berufen)«: Das Substantiv wurde Ende des 18. Jahrhunderts eingedeutscht aus lateinisch *honorarium* »Ehrengabe, Ehrensold; Belohnung«, das zu lateinisch *honor* »Ehre« gehört.

Horror

Der Ausdruck steht einerseits für »Abscheu, Widerwille«, andererseits für »Entsetzen, angsterfüllter Zustand«, wobei das Wort je nach Bedeutung auf zwei unterschiedlichen Wegen ins Deutsche gelangt ist. In beiden Bedeutungen geht es letztlich auf lateinisch *horror* »das Zusammenfahren, der Schauder, das Sichaufsträuben« zurück. Dieses bedeutet in der Sprache der römischen Ärzte auch »Fieberschauder, Schüttelfrost«. In dieser Bedeutung hat es die medizinische Fachsprache über die Jahrhunderte bewahrt. Im 18. Jahrhundert wird es als erneute Übernahme aus dem Lateinischen im Sinne von »Schauder, Abscheu« gebraucht; eine Bedeutung, die im heutigen Deutsch zum Beispiel in der Fügung *vor etwas einen Horror haben* zutage tritt. In der 2. Hälfte des 20. Jahrhunderts taucht *Horror* noch in einer weiteren, leicht unterschiedlichen Bedeutung auf. Im Sinne von »schreckerfüllter Zustand, Entsetzen« handelt es sich um eine direkte Übernahme aus gleichbedeutend englisch *horror*, welches über altfranzösisch *(h)orrour* ebenfalls auf lateinisch *horror* zurückgeht. In dieser zweiten Bedeutung findet es sich häufig in Zusammensetzungen wie **Horrortrip** oder **Horrorfilm**.

human

»menschlich, menschenfreundlich; menschenwürdig; gesittet, gebildet«: Das Adjektiv wurde im frühen 17. Jahrhundert aus gleichbedeutend lateinisch *hūmānus* entlehnt, das mit seiner ursprünglichen Bedeutung »irdisch« zu der Wortgruppe um lateinisch *hūmus* »Erde, Erdboden« gehört. ♦ Dazu stellt sich seit dem 16. Jahrhundert das Substantiv **Humanität** »edle Menschlichkeit, hohe Gesittung«, auch »feine, höhere Bildung«, das aus gleichbedeutend lateinisch *hūmānitās* entlehnt ist. Das seit dem 17. Jahrhundert belegte Substantiv **Humanist** »Anhänger des Humanismus, Verfechter humanistischer Ideale; Kenner der griechischen und römischen Sprache und Kultur« ist dagegen aus italienisch *umanista* (zu italienisch *umano* »menschlich« ◂ lateinisch *hūmānus*) entlehnt. Dazu gebildet sind die seit Ende des 18. Jahrhunderts gebräuchlichen **Humanismus** und **humanistisch**. Sie sind vor allem historische Begriffe und beziehen sich auf jene Bewegung, die die Wiederbelebung des klassischen Altertums und seiner Bildungsideale anstrebte.

Humor

»Gabe eines Menschen, der Unzulänglichkeit der Welt und der Menschen, den Schwierigkeiten und Missgeschicken des Alltags mit heiterer Gelassenheit zu begegnen«: Die seelische Gestimmtheit des Menschen ist nach antiken Anschauungen abhängig von verschiedenen, im Körper wirksamen Säften (vergleiche dazu die Bezeichnungen der Grundtemperamente *cholerisch, melancholisch, phlegmatisch, sanguinisch*). In der Naturlehre des Mittelalters heißen diese Körpersäfte *humores* »Feuchtigkeiten« (zu lateinisch *hūmor* »Feuchtigkeit«), woraus sich eine allgemeine Bedeutung »Temperament« im Sinne von »(schlechte oder gute) Stimmung, Laune« entwickelte. Die Entwicklung der heute allein üblichen positiven Bedeutung des Wortes *Humor*, das formal (in der Endbetonung) an entsprechend französisch *humeur* angeglichen ist, vollzog sich unter englischem Einfluss: In England entstand zum Ende des 17. Jahrhundert unter der Bezeichnung *humour* (◄ altfranzösisch *humour* ◄ lateinisch *humorem*) eine besondere Stilgattung, deren Hauptanliegen die Darstellung der verspielten Heiterkeit war, die von komischen Situationen ausging. ♦ Das zugrunde liegende Substantiv lateinisch *hūmor* (besser: *umor*) »Feuchtigkeit« gehört mit *umere* »feucht sein«, *umidus* »feucht« zu einer indogermanischen Wortfamilie.

Hymne

»feierlicher Festgesang, Lobgesang (für Gott), Weihelied«: Das Substantiv wurde im 18. Jahrhundert aus gleichbedeutend lateinisch *hymnus* entlehnt, das seinerseits aus griechisch *hýmnos* stammt. Dies vergleicht man mit griechisch *hymến* »Häutchen, feines Band« und stellt es mit diesem unter Annahme einer ursprünglichen Bedeutung »Band; Gefüge (etwa von Tönen)« zu der indogermanischen Wortfamilie um Saum »Rand«. Die Begriffsbildung wäre dann ähnlich wie in griechisch *harmonía* (vergleiche *Harmonie*).

Idol

Der Ausdruck für »Götzenbild, Abgott; abgöttisch verehrter Mensch« wurde im 18. Jahrhundert aus gleichbedeutend lateinisch *īdōlum* entlehnt, das auf griechisch *eídōlon* »Gestalt, Bild; Trugbild, Götzenbild« zurückgeht. Dies gehört zur Wortgruppe von griechisch *ideīn* »sehen, erkennen, wissen«. Die heutige, positive Bedeutung folgt wahrscheinlich französischem und englischem Vorbild.

Idyll

»Bild friedlichen und einfachen Lebens in (meist) ländlicher Abgeschiedenheit«: Das Substantiv wurde im 18. Jahrhundert aus lateinisch *īdyllium* »kleines (Hirten)gedicht« entlehnt, das aus griechisch *eidýllion* stammt. Dies ist eine Verkleinerungsbildung zu dem griechischen Substantiv *eīdos* »Bild, Gestalt«, bedeutet demnach eigentlich »Bildchen« und bezeichnet die Darstellung von Szenen aus dem ländlichen Leben vor allem in der Hirtendichtung.

illuster

»glänzend; vornehm, erlaucht«: Das Adjektiv wurde im 18. Jahrhundert aus gleichbedeutend französisch *illustre* entlehnt, das auf lateinisch *illūstris* »im Licht stehend, strahlend; berühmt« (◂ *inlustris*) zurückgeht. Dies gehört zu lateinisch *lūstrāre* »hell machen, beleuchten« (vergleiche ☞ Lüster). ♦ Die von lateinisch *lustrare* abgeleiteten Wörter *illūstrāre* »erleuchten; erläutern, erhellen; ausschmücken« und *illūstrātio* »Erhellung; anschauliche Darstellung« erscheinen in deutschen Texten bereits im 16. bis 18. Jahrhundert als **illustrieren** und **Illustration**. Ihre moderne Bedeutung »(ein Buch, eine Zeitschrift) mit Bildern schmücken« erlangen sie allerdings erst im 19. Jahrhundert mit dem Aufkommen bebilderter Textausgaben.

Impressum

»Vermerk mit kurzen Angaben über Erscheinungsort und -zeit, Herausgeber, Verlag, Drucke usw. in Büchern, Zeitungen, Zeitschriften und elektronischen Publikationen«: Das Fachwort der Druckersprache gilt seit dem 19. Jahrhundert und ist identisch mit lateinisch *impressum* »das Eingedrückte, Aufgedrückte«, dem substantivierten Partizip Perfekt Passiv von *im-primere*.

Inspiration

Das Substantiv mit der Bedeutung »Eingebung, Erleuchtung«: wurde bereits im 16. Jahrhundert aus lateinisch *īnspīrātio* »das Einhauchen; die Eingebung« entlehnt. Dies gehört zu dem Verb lateinisch *īn-spīrāre* »hineinblasen, einhauchen; begeistern«, das als **inspirieren** »anregen, erleuchten, begeistern« ebenfalls im 16. Jahrhundert übernommen wurde. ♦ Über das Stammwort lateinisch *spīrāre* »hauchen, atmen; leben« besteht auch ein Zusammenhang zu *Spiritus*.

Instrument

»Mittel, Gerät, Werkzeug«: Das Wort wurde im 16. Jahrhundert aus gleichbedeutend lateinisch *īnstrumentūm* entlehnt, das im Sinne von »Ausrüstung« zu lateinisch *īnstruere* »aufschichten; ausrüsten; unterweisen« *(instruieren)* gehört. Bereits in mittelhochdeutscher Zeit ist *instrument* in der Bedeutung »Urkunde, Beweismittel« bezeugt. ♦ Dazu: **Instrumental** »das Mittel oder Werkzeug bezeichnender Fall«, verkürzt aus älterem *Instrumentalis* (= neulateinisch *casus instrumentalis*, 18. Jahrhundert). ♦ Ableitung: **instrumentieren** »ein Musikstück für Orchesterinstrumente einrichten« (19. Jahrhundert).

Intermezzo

Das Substantiv mit der Bedeutung »Zwischenspiel« ist seit dem 18. Jahrhundert bezeugt und galt ursprünglich nur im Bereich der Bühne im Sinne von »komisches Zwischenspiel«. Es geht auf gleichbedeutend italienisch *intermezzo* zurück, das seinerseits auf lateinisch *intermedius* »in der Mitte befindlich« beruht.

Intervall

Das Substantiv mit der Bedeutung »Zeitabstand, Zeitspanne, Zwischenraum« wurde im 17. Jahrhundert – zuerst in der musikalischen Bedeutung »Abstand zwischen zwei Tönen« – aus lateinisch *intervāllum* entlehnt, das mit seiner eigentlichen Bedeutung »Raum zwischen Schanzpfählen« zu lateinisch *vāllus* »Schanzpfahl« gehört (Zusammenhang mit *[Schutz-]Wall*) und wohl aus der Fügung *inter vāllos* hervorgegangen ist.

Jazz

Die Bezeichnung dieser aus der Volksmusik der schwarzen Bevölkerung und der Kreolen im südlichen Nordamerika und in der Karibik hervorgegangenen, stark rhythmisierten und im 20. Jahrhundert von Amerika nach Europa eingeführten Musik wurde im 20. Jahrhundert aus gleichbedeutend englisch-amerikanisch *jazz* entlehnt, dessen Herkunft unklar ist. Im Jargon bezeichnet englisch *jazz* von Anfang an auch den Geschlechtsverkehr, daher handelt es sich wohl um eine kreolische Form des französischen Verbs *chasser* »jagen«, das für die raschen und dynamischen Bewegungen sowohl in musikalischer als auch in sexueller Hinsicht verwendet werden konnte.

jodeln

Das von dem Jodelruf *jo* abgeleitete Verb ist schriftsprachlich seit dem Beginn des 19. Jahrhunderts bezeugt und stammt aus den deutschen Alpenmundarten.

Journal ....

Das Substantiv mit der Bedeutung »Tageszeitung, Zeitschrift« wurde im 17. Jahrhundert aus französisch *journal* entlehnt und bis ins 18. Jahrhundert im Sinne von »gelehrte Zeitschrift« gebraucht. Französisch *journal* ist entsprechend seiner Ableitung von französisch *jour* (= italienisch *giorno*) »Tag« eigentlich ein Adjektiv mit der Bedeutung »jeden einzelnen Tag betreffend«. Seit dem 15. Jahrhundert erscheint es dann substantiviert im Sinne von »Nachricht über die täglichen Ereignisse«. Quelle für französisch *jour* (◄ altfranzösisch *jorn*) – wie auch für italienisch *giorno* – ist lateinisch *diurnus* »täglich« in seiner vulgärlateinischen Substantivierung *diurnum* »Tag«. ♦ Um *Journal* gruppieren sich die Bildungen **Journalist** »jemand, der beruflich für die Presse, den Rundfunk, das Fernsehen schreibt, publizistisch tätig ist« (17. Jahrhundert; aus gleichbedeutend französisch *journaliste*), **Journalistik** »Zeitungswesen« (18. Jahrhundert), **Journalismus** (19. Jahrhundert; aus gleichbedeutend französisch *journalisme*).

58

Kaleidoskop

Die Bezeichnung für »Guckkasten mit bunten Glassteinchen oder Kunststoffstückchen, die sich beim Drehen zu verschiedenen Mustern und Bildern ordnen«, auch übertragen im Sinne von »lebendig-bunte Bilderfolge« ist eine gelehrte Neubildung des 19. Jahrhunderts zu griechisch *kalós* »schön«, *eīdos* »Gestalt, Bild« und *skopeīn* »betrachten, schauen«, nach dem Vorbild von Wörtern wie *Mikroskop*. Das Substantiv bedeutet also eigentlich etwa »Schönbildschauer«.

Kamera

Das seit dem 19. Jahrhundert bezeugte Substantiv bezeichnet ein »fotografisches Aufnahmegerät« und ist aus neulateinisch *camera obscura* (wörtlich »dunkle Kammer«) gekürzt, der im 17. Jahrhundert aufkommende Bezeichnung jenes optischen Geräts, aus dem sich der moderne Fotoapparat entwickelt hat und das nach der hinter dem Objektiv gelegenen »lichtdichten Kammer« (= lateinisch *camera*) benannt ist.

Kapelle

Das Substantiv bedeutet »kleines, meist nur für eine Andacht und nicht für regelmäßige Gottesdienste einer Gemeinde bestimmtes Gotteshaus; abgeteilter Raum für Gottesdienste in einer Kirche oder einem größeren profanen Gebäude«. Das Wort (mittelhochdeutsch *kap[p]elle*, althochdeutsch *kapella*) wurde aus der Kirchensprache aufgenommen und beruht auf der Entlehnung aus mittellateinisch *cap(p)ella* »kleines Gotteshaus«. Die ursprüngliche Bedeutung des mittellateinischen Wortes ist »kleiner Mantel«. Es ist eine Verkleinerungsform zu spätlateinisch *cappa* »eine Art Kopfbedeckung; Mantel mit Kapuze«. Der Bedeutungsübergang von »kleiner Mantel« zu »Kapelle« stammt aus der Zeit der fränkischen Könige. Diese bewahrten den »Mantel« des heiligen MARTIN VON TOURS als Reliquie in einem privaten Heiligtum auf, das daraufhin seine Bezeichnung *(capella)* erhielt. Seit dem 7. Jahrhundert ging diese dann auf jedes kleinere Gotteshaus (ohne eigene Geistlichkeit) über. ♦ Das Substantiv **Kapelle** mit der Bedeutung »Instrumentalorchester«, das seit dem 16. Jahrhundert belegt ist, ist dem Ursprung nach mit *Kapelle* identisch. Es beruht jedoch auf unmittelbarer Entlehnung aus italienisch *cappella* »Musikergesellschaft«, das anfangs den von einem Fürsten in seiner »Schlosskapelle« bei festlichen Anlässen versammelten Sänger- und Musikerchor bezeichnete und das danach in seiner Bedeutung verweltlicht wurde.

Kapitell

Das Wort bezeichnet einen »Säulenkopf, -knauf« und wurde in mittelhochdeutscher Zeit aus gleichbedeutend lateinisch *capitellum* entlehnt, das als Verkleinerungsform von lateinisch *caput* »Kopf; Spitze« eigentlich »Köpfchen« bedeutet.

Karaoke ....

Das Substantiv bezeichnet eine Veranstaltung, bei der Laien zur Instrumentalmusik eines Liedes den Text singen und wird seit der 2. Hälfte des 20. Jahrhunderts im Deutschen gebraucht. Das Wort stammt wie die Sache selbst aus Japan. Japanisch *karaoke* bedeutet eigentlich »leeres Orchester«.

Karikatur ....

Das Substantiv mit der Bedeutung »Zerrbild, Spottbild, Fratze« wurde als Fachterminus der Malerei im 18. Jahrhundert aus gleichbedeutend italienisch *caricatura* entlehnt, das eigentlich »Überladung« bedeutet, dann die übertriebene, komisch verzerrte Darstellung charakteristischer Eigenarten von Personen oder Sachen bezeichnet.

Kasper ....

»lustige Hauptfigur des Puppenspiels; alberner Mensch«: Das Wort ist identisch mit dem männlichen Vornamen *Kaspar*, der auf *Kaspar*, den Namen eines der Heiligen Drei Könige, zurückgeht. Da der Kaspar in den mittelalterlichen Dreikönigsspielen als Mohr auftrat und lustige Einlagen brachte, entwickelte er sich allmählich zur lustigen Figur, dazu die Verkleinerungsform **Kasperle** und die Zusammensetzung **Kasperletheater** (19. Jahrhundert).

Kastagnette ....

»Handklapper (aus zwei Holzplättchen)«: Das Substantiv wurde zu Beginn des 17. Jahrhunderts aus spanisch *castañeta* entlehnt. Dies ist eine Verkleinerungsform von spanisch *castaña* »Kastanie«. Die Kastagnette verdankt demzufolge ihre Bezeichnung der Ähnlichkeit mit einer Kastanie.

Katastrophe

»entscheidende Wendung zum Schlimmen; Zusammenbruch, Unheil, Verhängnis«: Das Substantiv wurde etwa um 1600 aus griechisch-lateinisch *katastrophḗ* »Umkehr, Wendung (insbesondere der Handlung im Drama); Vernichtung, Verderben« entlehnt. Dies gehört zu griechisch *katastréphein* »umkehren, umwenden«.

Kino

»Lichtspiel-, Filmtheater«: Das seit Anfang des 20. Jahrhunderts gebräuchliche Substantiv ist eine volkstümliche Kürzung aus **Kinematograf** (ähnliche Kurzformen: *Auto* für *Automobil* und *Kilo* für *Kilogramm*). Der Kinematograf – das aus französisch *cinématographe* entlehnte Wort bezeichnet ursprünglich einen Apparat zur Vorführung bewegter Bilder – ist eine Erfindung der französischen Brüder LUMIÈRE. Ihre Bezeichnung ist eine aus zwei griechischen Wortelementen (*kínēma* »Bewegung« und *gráphein* »schreiben«) gebildete Zusammensetzung, die demnach wörtlich »Bewegungsschreiber« bedeutet. ♦ Im Französischen hat sich übrigens die unserem *Kino* entsprechende Kurzform *cinéma* (auch: *ciné*) durchgesetzt, vergleiche hierzu auch englisch *cinema*.

Kirmes

Der vorwiegend in Mitteldeutschland gebräuchliche Ausdruck für »Jahrmarkt, Volksfest« geht zurück auf mittelhochdeutsch *kirmesse*, das aus **kirchmesse* entstanden ist. Das Substantiv bezeichnete zunächst die zur Einweihung einer Kirche gelesene Messe, dann das Erinnerungsfest daran und schließlich – mit Bezug auf die weltlichen Belustigungen solcher Feste – den Jahrmarkt, das Volksfest *(Kirchweih)*.

Klarinette

Die Bezeichnung des röhrenförmigen Holzblasinstrumentes, die seit dem 18. Jahrhundert belegt ist, stammt aus italienisch *clarinetto*. Dies ist eine Verkleinerung zu italienisch *clarino*, das eine hohe Solotrompete bezeichnet und wörtlich ewta »hell Tönende« bedeutet. Zugrunde liegt das auf lateinisch *clārus* »hell, klar« zurückgehende Adjektiv italienisch *chiaro*, älter *claro*, das im Sinne von »hell tönend« erscheint.

klassisch

Zu dem lateinischen Begriff *classis* »militärisches Aufgebot; Abteilung; Klasse« stellt sich das Adjektiv lateinisch *classicus* »die (ersten) Bürgerklassen betreffend«, das dann im Sinne von »ersten Ranges, mustergültig« gebraucht wurde, so besonders in der Fügung *scriptor classicus* »klassischer Schriftsteller (der vor allem in sprachlicher Hinsicht Vorbild ist)«. Das aus dem lateinischen Adjektiv im 18. Jahrhundert entlehnte *klassisch* wurde in dieser Bedeutung übernommen; es bezieht sich auch heute noch hauptsächlich auf die literarischen, künstlerischen, dann auch wissenschaftlichen Leistungen des schöpferischen Menschen, sofern diese Leistungen die Merkmale einer ausgereiften Meisterschaft tragen. Das Substantiv **Klassiker**, das lateinisch *scriptor classicus* fortsetzt, gilt entsprechend. Wie aber schon das Adjektiv *klassisch* auch all das bezeichnet, was mit Griechen und Römern irgendwie im Zusammenhang steht und in dieser Hinsicht zuweilen synonym für ☞antik gebraucht wird (vergleiche zum Beispiel: Antike = klassisches Altertum), so bezeichnet das Substantiv *Klassiker* im engeren Sinn auch die klassischen Schriftsteller der Antike. Dazu stellt sich das Substantiv **Klassik** als Bezeichnung einer Epoche kultureller Gipfelleistungen und ihrer mustergültigen Werke.

klatschen

Das Verb ist seit dem 17. Jahrhundert bezeugt und gehört mit gleichbedeutend frühneuhochdeutsch *klatzen*, niederdeutsch *klatsen* und niederländisch *kletsen* zu der Gruppe von Schallnachahmungen wie zum Beispiel *klappen*. Das Verb *klatschen* gibt hauptsächlich Klangeindrücke wieder, die beim Zusammenschlagen oder Aufprallen entstehen, und bedeutet speziell »mit den Händen klatschen, applaudieren«.

Klavier

Das bereits seit dem 16. Jahrhundert bezeugte Wort bedeutete ursprünglich »Tastenreihe, Tastenbrett«, in welchem Sinne es aus gleichbedeutend französisch *clavier* entlehnt wurde. Als Pars pro Toto wurde das Substantiv zur Bezeichnung des Musikinstrumentes. ◆ Französisch *clavier* »Tastenbrett« beruht auf einer neulateinischen Bildung zu lateinisch *clāvis* »Riegel, Schlüssel« (▸ französisch *clef*), das im Mittellateinischen die übertragene Bedeutung »Taste« entwickelte. Wiederum gehört das Wort lateinisch *clāvis* zum Stamm von lateinisch *claudere* (*clausum*) »schließen, verschließen« (es besteht ein Zusammenhang mit *Klause*).

Kolorit

»Farb(en)gebung, Farbwirkung; eigentümliche Atmosphäre«: Der Terminus wurde im 18. Jahrhundert aus italienisch *colorito* entlehnt, einer Bildung zu italienisch *colorire* (auch: *colorare*) »färben; Farbe, Schwung geben; ausschmücken«.

komisch

»possenhaft; eigenartig, sonderbar; belustigend, zum Lachen reizend«: Das seit dem 15. Jahrhundert belegte Adjektiv, das bis ins 17. Jahrhundert lediglich im Sinne von »zur Komödie gehörend« galt und erst später unter französischem Einfluss die allgemeineren Bedeutungen annahm, geht auf lateinisch *cōmicus* zurück, das aus griechisch *kōmikós* »zur Komödie gehörig« entlehnt ist. Dies ist eine Bildung zu griechisch *kōmos* »fröhlicher Umzug, festlicher Gesang, lärmende Schar«, das als Bestimmungswort in dem für das Adjektiv bedeutsamen Substantiv griechisch *kōmōdía* erscheint (☞ Komödie).

Komödie ....

»dramatische Ausdrucksform des Komischen; Lustspiel«, im Sinne von »Täuschungsmanöver, Vortäuschung« auch übertragen gebraucht: Das frühneuhochdeutsche Wort wurde aus lateinisch *cōmoedia*, das seinerseits aus griechisch *kōmōdía* übernommen ist, entlehnt. Das griechische Wort bedeutet eigentlich »das Singen eines Komos«. Der Komos, zu griechisch *kōmos* (vergleiche ☞ komisch), festlicher Umzug, Festgesang und Festgelage, war Inbegriff ausgelassener, lärmender Fröhlichkeit. Er stand ganz im Zeichen des Fruchtbarkeits- und Weingottes Dionysos. Aus diesen frühen kultischen Zusammenhängen entwickelte sich anschließend die selbstständige literarische Kunstgattung der Komödie. Der derbe ausgelassene Spaß, weit mehr noch der scharfe und gezielte Spott an den aktuellen politischen und kulturellen Zuständen wurde ihr wesentlicher Inhalt.

Komparse ....

»Statist ohne Sprechrolle« (Film, Theater): Der Terminus der Theatersprache wurde im 18. Jahrhundert aus gleichbedeutend italienisch *comparsa* entlehnt, das als Ableitung von italienisch *comparire* »erscheinen« zunächst »Erscheinen« bedeutet, dann übertragen den Kreis der in einem Theaterstück Mitwirkenden bezeichnet, die eben nur in »Erscheinung« treten (als stumme Nebenpersonen). Das Verb italienisch *comparire* geht zurück auf lateinisch *compārēre* »erscheinen«, eine Bildung zu lateinisch *pārēre* »erscheinen, sich zeigen; Folge leisten, gehorchen«.

Konfetti ....

»Papierschnitzel«, österreichisch auch »Zuckergebäck«: Das bereits seit dem 18. Jahrhundert bezeugte Substantiv ist aus italienisch *confetti* entlehnt, dem Plural von italienisch *confetto* »Zurechtgemachtes, Zubereitetes, Zuckerzeug« (identisch mit deutsch *Konfekt*). Die Bedeutung »Papierschnitzel« geht auf einen alten karnevalistischen Volksbrauch zurück, der noch heute geübt wird. Beim Karneval nämlich pflegten die Narren Zuckerzeug unter das Volk zu werfen, das man dann auch durch entsprechend geformte Gipsklümpchen und schließlich durch »Papierschnitzel« ersetzte.

Konzert ....

Das Substantiv bezeichnet eine »öffentliche Musikaufführung; Komposition für Solo und Orchester« und wurde zu Beginn des 17. Jahrhunderts aus gleichbedeutend italienisch *concerto* entlehnt. Dies bedeutet eigentlich »Übereinstimmung, Vereinigung; Übereinkommen, Abmachung, Vertrag« und gehört zu italienisch *concertare* »in Übereinstimmung bringen, abstimmen; verabreden«, das auf lateinisch *concertāre* »wetteifern« zurückgeht.

Kubismus ....

Die Bezeichnung für eine Richtung der modernen Malerei, die Naturformen als Komposition geometrischer (kubischer)

Formen darstellt, ist eine junge neulateinische Bildung (frühes 20. Jahrhundert) nach französisch *cubisme* zu lateinisch *cubus* »Würfel«.

Kultur ....

Das seit dem 17. Jahrhundert bezeugte Substantiv wurde aus lateinisch *cultūra* »Landbau; Pflege (des Körpers und Geistes)« entlehnt. Es wurde von Anfang an im Sinne von »Felderbau, Bodenbewirtschaftung« einerseits (vergleiche hierzu die verdeutlichende Zusammensetzung *Bodenkultur*) und »Pflege der geistigen Güter« andererseits (vergleiche auch *Geisteskultur*) gebraucht. An die aus der letzteren Bedeutung erwachsene allgemeine Stellung des Begriffes Kultur als der Gesamtheit der geistigen und künstlerischen Lebensäußerungen (einer Gemeinschaft, eines Volkes) schließen sich weitere Zusammensetzungen an, zum Beispiel **Kulturgeschichte** (18. Jahrhundert). **Kulturpolitik, Kulturfilm** (20. Jahrhundert).

Kuppel ....

Das Wort bezeichnet ein »halbkugelförmig gewölbtes Dach« und wurde im 17. Jahrhundert aus gleichbedeutend italienisch *cupola* entlehnt. Dies geht auf lateinisch *cūpula* »kleine Kufe, Tönnchen, Grabgewölbe« zurück, eine Verkleinerungsbildung zu lateinisch *cūpa* »Kufe, Tonne; Grabgewölbe«.

Labyrinth ....

Das Substantiv für »Irrgang, -garten; Wirrsal, Durcheinander«
wurde um 1500 aus gleichbedeutend lateinisch *labyrinthus* entlehnt, das seinerseits aus griechisch *labýrinthos* übernommen
ist. Dies ist vorgriechischen Ursprungs und stammt wohl aus
dem kretisch-minoischen Kulturkreis und bedeutet vermutlich eigentlich »Haus der Doppelaxt« (als Königsinsignie), zu
lydisch *lábrys* »Beil« (für griechisch *pélekys*). So war denn auch
gerade der Sagenkreis des bedeutenden kretischen Labyrinths,
das Dädalus im Auftrag des Königs Minos für den sagenhaften
Minotaurus erbaut haben soll, für die Verbreitung des Wortes
und seines Ideenkreises in der Renaissance verantwortlich.

Laube ....

Die Bezeichnung »Gartenhäuschen« ist von dem Substantiv
Laub abgeleitet und bezog sich also eigentlich auf ein aus Laub
gefertigtes Schutzdach und die mit so einem Schutzdach ver-
sehene Hütte, vergleiche althochdeutsch *louba* »Schutzdach,

Hütte«, dann auch »Halle, Vorbau« sowie mittelhochdeutsch *loube* »Vorbau; Halle; Gang; Galerie; Kornboden, Speicher«. Vergleiche *Lobby* und ☞ **Loge**.

lauschen ....

Das seit spätmittelhochdeutscher Zeit bezeugte Verb *lūschen* »aufmerksam zuhören« gehört semantisch zur germanischen Wortgruppe um oberdeutsch, mundartlich **losen** »(zu)hören, horchen, aufpassen« (mittelhochdeutsch *losen*, althochdeutsch *hlosēn*), vergleiche zum Beispiel deutsch mundartlich *laustern* »lauschen, aufpassen«, englisch *to listen* »zuhören«, schwedisch *lystra* »horchen, aufpassen«. Diese germanische Gruppe geht zurück auf die s-Erweiterung der indogermanischen Wurzel *k̑leu-* »hören«,

Legende ....

Das schon seit mittelhochdeutscher Zeit bezeugte, aus mittellateinisch *legenda* – anfangs Neutrum Plural »die zu lesenden Stücke« – entlehnte Substantiv erscheint zuerst im kirchlichen Bereich in der Bedeutung »Lesung eines Heiligenlebens; Heiligenerzählung«. Im 16. Jahrhundert entwickelte sich daraus die Bedeutung »unbeglaubigter Bericht, unglaubwürdige Geschichte«. ♦ Mittellateinisch *legenda* gehört zu dem lateinischen Verb *legere* »lesen«.

lesen ....

Das gemeingermanische Verb *lesen* mittelhochdeutsch *lesen*, althochdeutsch *lesan*, gotisch *lisan*, altenglisch *lesan*, schwedisch *läsa* geht mit verwandten Wörtern auf eine Wurzel *les-* »verstreut Umherliegendes aufnehmen und zusammentragen, sammeln« zurück, vergleiche auch die baltische Wortgruppe um litauisch *lèsti* »picken; aussuchen, auslesen«. Die alte Bedeutung »(auf-, ein)sammeln, aussuchen« hat sich im Deutschen neben der jüngeren Bedeutung »Geschriebenes lesen« bis zum heutigen Tage gehalten, zum Beispiel *Ähren, Trauben oder dergleichen lesen.* ♦ Die in althochdeutscher Zeit beginnende Verwendung des Verbs im Sinne von »Geschriebenes lesen« erfolgte vermutlich unter dem Einfluss und nach dem Vorbild von lateinisch *legere* »sammeln, aussuchen; Geschriebenes lesen«. Allerdings kann das Verb *lesen* schon in germanischer Zeit auf das Einsammeln und Deuten der zur Weissagung ausgestreuten Stäbchen bezogen worden sein (vergleiche *Buchstabe*).

Lexikon

Das seit dem 17. Jahrhundert bezeugte Substantiv, das zunächst allgemein »Wörterbuch« bedeutete, gilt heute speziell zur Bezeichnung eines alphabetisch geordneten Nachschlagewerks mit sachlichen (enzyklopädischen) Informationen. Es wurde auf gelehrtem Wege aus griechisch *lexikón (biblíon)* »Wörterbuch« entlehnt. Das zugrunde liegende Adjektiv griechisch *lexikós* »das Wort betreffend« gehört zu griechisch *léxis* »Rede, Wort« und daneben zu griechisch *légein* »auflesen, sammeln; reden, sprechen«. Griechisch *lexikón* entspricht folglich in der Bildung mittellateinisch *dictionarium* »Wörterbuch« (zu lateinisch *dicere* »sagen, sprechen«), das in französisch *dictionnaire* und englisch *dictionary* fortlebt.

Lied

Die Herkunft des gemeingermanischen Wortes mittelhochdeutsch *liet*, althochdeutsch *liod*, altenglisch *lēođ*, altisländisch *ljóđ* ist ungeklärt. Vielleicht ist es im Sinne von »Preislied« mit lateinisch *laus (laudem)* »Lob«, *laudāre* »loben« verwandt.

Literatur

»(schöngeistiges) Schrifttum; Schriftennachweis«: Das seit dem 16. Jahrhundert bezeugte und bis ins 18. Jahrhundert im umfassenden Sinne von »Wissenschaft, Sprachwissenschaft, Gelehrsamkeit; Gesamtheit der schriftlichen Geisteserzeugnisse« gebrauchte Substantiv beruht auf einer gelehrten Entlehnung aus lateinisch *litterātūra* »Buchstabenschrift; Sprachkunst«. Dies ist von lateinisch *littera* »Buchstabe; Schrift; schriftliche Aufzeichnung, Schriftstück usw.« abgeleitet.

Lithografie

»Technik der künstlerischen Grafik, Kunst des Steindrucks; Kunstblatt in Steindruck«: Die seit dem Anfang des 19. Jahrhunderts gebräuchliche Bezeichnung ist eine gelehrte Bildung aus griechisch *líthos* »Stein« und *gráphein* »schreiben« (vergleiche ☞ Grafik) und bedeutet demnach eigentlich »Steinschrift«.

Loge

Das unter ☞ Laube behandelte germanische Wort (althochdeutsch *louba*, entsprechend altfränkisch **laubja* »Laubhütte; Häuschen«) gelangte in die romanischen Sprachen (mittellateinisch *lobia*, [alt]französisch *loge*) und wurde anschließend zu verschiedenen Zeiten rückentlehnt. Als Bezeichnung eines abgeschlossenen Raumes (hauptsächlich im Theater) wurde *Loge* im 17. Jahrhundert aus gleichbedeutend französisch *loge* (vergleiche *logieren, Logis*) übernommen. Die Verwendung im Sinne von »Freimaurervereinigung; (geheime) Gesellschaft«, die für *Loge* seit dem 18. Jahrhundert bezeugt ist, geht von englisch *lodge* (◄ altfranzösisch *loge*) »Häuschen; Versammlungsort der Brüder; Geheimbund« aus. Aus italienisch *loggia*, das selbst aus französisch *loge* stammt, wurde im 17. Jahrhundert das

71

Fachwort der Baukunst **Loggia** »halb offene Bogenhalle; nach einer Seite offener, überdeckter Raum des Hauses« entlehnt. Vergleiche *Lobby*.

Lüster ....

»Kronleuchter«: Das Substantiv wurde im 18. Jahrhundert aus gleichbedeutend französisch *lustre* (ursprünglich »Glanz«) entlehnt, das seinerseits aus italienisch *lustro* »Glanz« stammt, einer Bildung zu italienisch *lustrare* »hell machen, beleuchten«, das auf gleichbedeutend lateinisch *lūstrāre* zurückgeht.

Lyrik ....

Das erst seit dem Anfang des 19. Jahrhunderts belegte Wort ist substantiviert aus französisch *poésie lyrique* (dafür im 18. Jahrhundert noch immer *lyrische Poesie*). Das zugrunde liegende französische Adjektiv *lyrique*, aus dem im 18. Jahrhundert unser Adjektiv **lyrisch** übernommen wurde, geht zurück auf lateinisch *lyricus* »zum Spiel der Lyra gehörig; mit Lyrabegleitung«. Dieses stammt aus gleichbedeutend griechisch *lyrikós*, einer Bildung zu griechisch *lýra* (vergleiche dazu *Leier*). Die Lyra war Symbol dichterischer Äußerung. Ihr Spiel begleitete den Vortrag gesungener Dichtung. So ist es nicht verwunderlich, dass sie gerade jene Dichtungsgattung bezeichnet, in der subjektives Erleben, Gefühle, Stimmungen usw. mit den Formmitteln von Reim und Rhythmus in Bilder gesetzt werden.

Magier

Das Substantiv bezeichnet einen »Zauberer, Zauberkünstler« und wurde während des 18. Jahrhunderts aus dem Plural *magī* des lateinischen Substantivs *magus* eingedeutscht, das selbst aus griechisch *mágos* »Zauberer« entlehnt ist. Das griechische Wort bezeichnete ursprünglich das Mitglied einer medischen Priesterkaste und nahm erst dann die Bedeutungen »Traumdeuter, Zauberer; Betrüger« an. Es ist ein Lehnwort aus dem Iranischen (vergleiche altpersisch *Magus*, den Namen eines medischen Volksstammes mit priesterlichen Pflichten), dessen letzte Quelle nicht sicher zu ermitteln ist.

malen

Das auf den germanischen Sprachbereich beschränkte Verb bedeutete zuerst »mit Zeichen versehen«. Mittelhochdeutsch *mālen*, althochdeutsch *mālōn, -ēn* »mit Zeichen versehen; markieren; verzieren, schmücken; schminken; sticken; schreiben, verzeichnen; in Farben darstellen«, gotisch *mēljan* »schreiben«, altisländisch *mæla* »färben, malen« sind Ableitungen von dem gemeingermanischen Substantiv **mēla-* »Zeichen, Fleck«: mittelhochdeutsch *māl*, althochdeutsch *māl*, gotisch *mēl*, altenglisch *mæl*, altisländisch *māl* (vergleiche *Mal*). ♦ Ableitungen: **Maler** (mittelhochdeutsch *mālære*, althochdeutsch *mālari*); **Malerei** (15. Jahrhundert).

Mandoline ....

Die seit dem 18. Jahrhundert bezeugte Bezeichnung für das lautenähnliche viersaitige Zupfinstrument mit stark gewölbtem Schallkörper ist aus französisch *mandoline* entlehnt. Dies ist seinerseits aus gleichbedeutend italienisch *mandolino* übernommen, einer Verkleinerungsbildung zu italienisch *mandola* (älter: *mandora*) »Zupfinstrument« (eine Oktave tiefer als die Mandoline), das vermutlich aus gleichbedeutend italienisch *pandora* unter dem Einfluss von französisch *amande* »Mandel« nach der Form des Instruments umgestaltet ist. Voraus liegt wahrscheinlich griechisch-lateinisch *pandūra* »dreisaitiges Musikinstrument«.

Märchen ....

»Erzählung (ohne Bindung an historische Personen oder an bestimmte Örtlichkeiten), fantastische Dichtung; erfundene Geschichte«: Das bereits seit dem 15. Jahrhundert bezeugte Wort ist eine Verkleinerungsbildung zu dem heute veralteten Substantiv **Mär(e)** »Nachricht, Kunde, Erzählung«. Bis ins 19. Jahrhundert war die aus dem Mitteldeutschen stammende Verkleinerungsbildung, die das oberdeutsche Wort *Märlein* verdrängte, im Sinne von »Nachricht, Gerücht, kleine (unglaubhafte) Erzählung« gebräuchlich. Das zugrunde liegende Wort *Mär(e)* (mittelhochdeutsch *mære*, althochdeutsch *māri*) ist eine Bildung zu dem im Neuhochdeutschen untergegangenen gemeingermanischen Verb mittelhochdeutsch *mæren*, althochdeutsch *māren* »verkünden, rühmen usw.«, das von einem alten Adjektiv für »groß, bedeutend, berühmt« abgeleitet ist. Dieses Adjektiv, das im germanischen Sprachbereich nur noch als zweiter Bestandteil in Personennamen bewahrt ist (zum Beispiel *Dietmar, Reinmar, Volkmar*), ist zum Beispiel verwandt mit altirisch *mār* »groß« und griechisch *-mōros* »groß, bedeutend«. Zugrunde liegt die indogermanische Wurzel *$\bar{me}$-, *$m\bar{o}$- »groß, ansehnlich«.

Marionette ....

»(an Fäden oder Drähten aufgehängte und dadurch bewegliche) Gliederpuppe für Puppentheater«, auch übertragen gebraucht im Sinne von »willenloses Geschöpf«: Das Substantiv wurde im 17. Jahrhundert aus gleichbedeutend französisch *marionnette* entlehnt, einer Ableitung von dem Frauennamen *Marion*. Dies ist eine Verkleinerungsbildung zu französisch *Marie* »Maria« und bedeutet eigentlich »Mariechen«.

Markise ....

Das Substantiv bezeichnet »leinenes Sonnendach, Schutzdach, Schutzvorhang« und wurde im 18. Jahrhundert aus gleichbedeutend französisch *marquise* entlehnt. Das französische Wort ist eine feminine Bildung zu französisch *marquis* »Markgraf« und bedeutet anfangs »Markgräfin«. Die Soldatensprache griff das Wort auf und verwendete es zur scherzhaft-ironischen Bezeichnung für ein über das Offizierszelt gespanntes spezielles Zeltdach, welches das Offizierszelt vom Zelt des gemeinen Soldaten unterschied. Daraus entwickelte sich dann die allgemeine Bedeutung des Wortes.

Maske ....

Das Substantiv für »Gesichtslarve; Verkleidung; kostümierte Person« wurde im 17. Jahrhundert aus gleichbedeutend französisch *masque* entlehnt. Dies stammt wie entsprechend spanisch *máscara* aus italienisch *maschera* »Maske«. Letzte Quelle des Wortes ist wahrscheinlich, wenngleich umstritten, arabisch *masharah* »Verspottung; Possenreißer; Possenreißerei«. Die romanischen Wörter können auf die Basis *maskaro-* »schwarz, mit Ruß bedeckt« verweisen, zu der auch altprovenzalisch und mittellateinisch *masca* »Hexe« gestellt werden.

Melodie ....

»in sich einheitlich gestaltete Tonfolge, Singweise; Wohlklang«: Griechisch *melōdía* »Gesang; Singweise« ist eine Bildung aus griechisch *mélos* »Lied; Singweise« und griechisch *ōdḗ* »das Singen; das Lied« (vergleiche ☞Ode) und gelangte über spätlateinisch *melōdia* im 13. Jahrhundert ins Mittelhochdeutsche als *melodie*. Daraus entwickelte sich dann lautgerecht die Form **Melodei** (frühneuhochdeutsch), die auch heute noch in poetischer Sprache erscheinen kann. Die heute gültige Form *Melodie* erscheint im 17. Jahrhundert durch Anlehnung an lateinisch *melōdia* bzw. an französisch *mélodie*.

Mentor ....

»väterlicher Freund und Berater, Lehrer, Erzieher«: Das seit dem 18. Jahrhundert bezeugte Substantiv ist identisch mit dem Namen des aus der *Odyssee* bekannten altgriechischen Helden, des vertrauten Odysseusfreundes, in dessen Gestalt die Göttin Athene den Odysseussohn Telemach auf der Suche nach seinem Vater begleitete. Der Gebrauch des Eigennamens geht von dem Erziehungsroman des französischen Schriftstellers

FRANÇOIS FÉNELON *Les Aventures de Télémaque* (1699) aus, in welchem dem Mentor eine bedeutsame Rolle als Führer, Berater und Erzieher des Telemach zugeteilt ist. ♦ Der griechische Eigenname *Méntōr* bedeutet eigentlich »Denker«.

Mikrofon ....

Das Wort für das Gerät zur Umwandlung von Schallwellen in elektrische Wechselspannungen, zur Schallverstärkung wurde in der 2. Hälfte des 19. Jahrhunderts aus gleichbedeutend englisch *microphone* entlehnt. Dies ist eine gelehrte Neubildung aus griechisch *mīkrós* »klein, kurz, gering« (vergleiche *mikro-*, *Mikro-*) und griechisch *phōnḗ* »Laut, Ton; Stimme« (vergleiche ☞ Phonetik) und bedeutet eigentlich etwa »Leisestimme«.

Minarett ....

»Turm einer Moschee«: Der Ausdruck ist eine Entlehnung des 18. Jahrhunderts aus dem gleichbedeutenden französischen Wort *minaret*. Voraus gehen türkisch *minare(t)* und arabisch *manāra*, eigentlich »Leuchtturm, Ort des Lichts«.

Miniatur ....

»kleines Bild, Nachahmung in kleinem Maßstab«: Das Wort wurde zu Beginn des 17. Jahrhunderts aus italienisch *miniatura* »mit Zinnoberrot ausgeführte Ziermalerei« entlehnt. Dies bezeichnete zunächst die Technik, die Initialen kostbarer Handschriften (mit Zinnoberfarbe) auszumalen. Wahrscheinlich begünstigt durch den Anklang an lateinisch *minor* »kleiner; klein« entwickelte das italienische Wort die Bedeutung »Kleinmalerei«. In diesem Sinne wurde es ins Deutsche übernommen und wurde dann auch zur Bezeichnung geschmackvoll ausgeführter Gegenstände der Kleinkunst, insbesondere aber auch zur Bezeichnung des Zierlichen, Kleinen usw., so namentlich in Zusammensetzungen wie **Miniaturausgabe** und **Miniaturbild** (wie auch englisch *miniature*). ♦ Italienisch *miniatura* geht auf gleichbedeutend mittellateinisch *miniatura* zurück, eine Bildung zu mittellateinisch *miniare* »mit Zinnober anstreichen; in Zinnoberfarbe malen«. Dies gehört seinerseits zu lateinisch *minium* »Zinnoberrot«.

Minne ....

»Liebe«: Die Formen mittelhochdeutsch *minne*, althochdeutsch *minna*, niederländisch *min* sind im Germanischen eng verwandt mit der Wortgruppe um schwedisch *minne* »Erinnerung, Andenken, Gedächtnis« und gehören mit dieser zu der Wortgruppe von *mahnen*. Aus der ursprünglichen Bedeutung »das Denken an etwas, (liebevolles) Gedenken« entwickelten sich schon im Althochdeutschen die Bedeutungen »Zuneigung, Gefallen, Freude, Lust, Liebe«. In mittelhochdeutscher Zeit war *minne* das übliche Wort für »Liebe«. Seit dem 15. Jahrhundert wurde es als anstößiges Wort empfunden und kam allmählich außer Gebrauch. Im 18. Jahrhundert wurde es im Rahmen der Beschäftigung mit der ritterlichen Liebeslyrik neu belebt und dann dichterisch, heute nur noch altertümelnd scherzhaft verwendet.

modern ....

Das seit dem Anfang des 18. Jahrhunderts bezeugte Adjektiv ist aus französisch *moderne* »neu; modern« entlehnt, das auf lateinisch *modernus* »neu, neuzeitlich« zurückgeht. Es trat anfangs in der Bedeutung »neu; neuzeitlich« auf. In diesem Sinne steht *modern* im Gegensatz zu ☞ antik, wie auch das Substantiv **Moderne** »neue, neueste Zeit; moderner Zeitgeist; moderne

Kunstrichtung« (19. Jahrhundert) zeigt. Die heute bevorzugt gebrauchten Bedeutungen von *modern* »neuartig; auf der Höhe der Zeit; modisch, dem Zeitgeschmack entsprechend« zeigen deutlichen Einfluss des Wortes *Mode* (Entsprechendes gilt für französisch *moderne*). ♦ Lateinisch *modernus* ist abgeleitet von dem Adverb lateinisch *modo* »eben, eben erst«, das eigentlich ein erstarrter Ablativ von lateinisch *modus* »Maß« ist.

Moll ....

Die bereits seit dem 16. Jahrhundert bezeugte Bezeichnung der sogenannten »weichen Tonart« (nach dem als »weich« empfundenen Dreiklang mit kleiner Terz, im Gegensatz zum Dreiklang mit großer Terz in ☞ Dur) ist aus mittellateinisch *B molle* (für den Ton b) verselbstständigt, das schon einmal im Mittelhochdeutschen als *bēmolle* erscheint. Zugrunde liegt das Adjektiv lateinisch *mollis* »weich«. Dies steht in Zusammenhang mit der indogermanischen Wortfamilie um *mahlen*.

Muse ....

Das seit dem 17. Jahrhundert bezeugte Substantiv bezeichnet ursprünglich, wie auch das zugrunde liegende lateinisch *mūsa* (◄ griechisch *moūsa*), eine der neun altgriechischen Schutzgöttinnen der Künste. Es wird übertragen auch im Sinne von »(den Dichter beflügelnde) Inspiration; künstlerische Begeisterung« verwendet.

Museum ....

Das Wort ist seit dem 16. Jahrhundert bezeugt und bedeutet zunächst nur »Studierzimmer«. Erst im 17. Jahrhundert erscheint es in den Bedeutungen »Kunstsammlung; Altertumssammlung« – danach heute auch »Ausstellungsgebäude für

Kunstgegenstände und wissenschaftliche Sammlungen« –, ist aus lateinisch *mūsēum* »Ort für gelehrte Beschäftigung; Bibliothek; Akademie« entlehnt. Dies stammt aus dem griechisch en Wort *mouseīon* »Musensitz, Musentempel«, einer Bildung zu griechisch *moūsa* »Muse; Kunst; Wissenschaft, feine Bildung« (vergleiche ☞ Muse).

Musik ....

Das Substantiv für die »Tonkunst« (mittelhochdeutsch *music*, althochdeutsch *musica*) ist aus gleichbedeutend lateinisch *(ars) mūsica* entlehnt. Dies ist aus griechisch *mousikḗ (téchnē)*, zunächst »Musenkunst«, übernommen und gehört zu griechisch *moūsa* »Muse; Kunst; Wissenschaft, feine Bildung« (vergleiche ☞ Muse). Bis ins 16./17. Jahrhundert trug das Fremdwort den Ton noch ausschließlich auf der Stammsilbe. Die dann aufkommende Endbetonung steht unter dem Einfluss von entsprechend französisch *musique*, von dem auch die Bedeutungen »Tonstück; musikalische Aufführung, Vortrag« herrühren.

Mythos ....

»Sage und Dichtung (von Göttern, Dämonen und Helden) aus der Vorzeit eines Volkes«. Das Substantiv wurde um 1800 aus griechisch(-lateinisch) *mȳthos* »Wort, Rede; Erzählung, Fabel, Sage« entlehnt. ♦ Dazu das Adjektiv **mythisch** »die Mythen betreffend, sagenhaft« (aus griechisch *mȳthikós* und lateinisch *mythicus*) und die Zusammensetzung **Mythologie** »Gesamtheit der überlieferten Mythen; Mythenforschung« (aus griechisch *mȳthología*).

Narr

Die Herkunft des nur deutschen Wortes (mittelhochdeutsch *narre*, althochdeutsch *narro*) ist nicht sicher. Wahrscheinlich ist althochdeutsch *narro* aus spätlateinisch *nario* »Nasenrümpfer, Spötter« entlehnt. ♦ Ableitungen: mittelhochdeutsch *vernarren* »ganz zum Narren werden«, frühneuhochdeutsch **vernarren** »sich verlieben«).

> **Narr ❡ einen Narren an jemandem, an etwas gefressen haben**
> (umgangssprachlich) »jemanden, etwas sehr gern haben« ♦ Die Wendung geht auf die Vorstellung zurück, dass derjenige, der bis zur Albernheit in jemanden oder etwas verliebt ist, einen kleinen Narren in seinem Inneren (= gefressen) habe.

Note ....

»Kennzeichen, Merkzeichen; Buchstabenzeichen; Schriftstück;
erklärende Anmerkung usw.«: Lateinisch *nota* ist in deutschen
Texten seit mittelhochdeutscher Zeit (mittelhochdeutsch *nōte*)
mit der im Mittellateinischen entwickelten Sonderbedeutung
»musikalisches Tonzeichen« gebräuchlich. Die zahlreichen
anderen Bedeutungen von *Note*, die fast alle schon im Lateinischen vorgebildet sind, stellen sich erst später (in der Zeit
vom 16. bis zum 18. Jahrhundert) ein: »Kennzeichen, Merkmal«
(16. Jahrhundert), »schriftliche Bemerkung, erklärende Anmerkung« (18. Jahrhundert; vergleiche die Zusammensetzung
Fußnote), »Banknote« (Ende 18. Jahrhundert in der Kaufmanns-
sprache; nach entsprechend englisch *[bank]note*). ♦ Ableitungen
von lateinisch *nota* erscheinen in *notieren* und *Notar*.

Novelle ....

Ausgangspunkt für dieses Substantiv ist das Adjektiv lateinisch
novellus »neu; jung«, eine Verkleinerungsbildung zu lateinisch
novus »neu«. Im Italienischen entwickelte sich über »kleine
Neuigkeit« die Bedeutung »Erzählung einer neuen Begebenheit, kurze poetische Erzählung«. Aus italienisch *novella* »kurze
poetische Erzählung« wurde im 16./17. Jahrhundert *Novelle*
übernommen und hat sich im 18. Jahrhundert als literarischer
Gattungsbegriff für die kurze (pointierte) Prosaerzählung einer
besonderen Begebenheit durchgesetzt. ♦ Früher wurde *Novelle*
auch allgemein im Sinne von »Neuigkeit, neue Begebenheit«
gebraucht.

Oboe

Die seit dem 17./18. Jahrhundert (zuerst als *Hautbois* und *Hoboe*) bezeugte Bezeichnung des Holzblasinstrumentes ist aus gleichbedeutend französisch *hautbois* entlehnt. Das französische Wort ist aus *haut* »hoch« und *bois* »Holz« zusammengesetzt. Es bedeutet demnach wörtlich »hohes (nämlich: hoch klingendes) Holz«. Die heute im Deutschen allein gültige Form *Oboe* ist von italienisch *oboe* »Oboe« beeinflusst, das seinerseits aus dem Französischen stammt.

Ode

»erhabenes, feierliches Gedicht«: Das Substantiv wurde Anfang des 17. Jahrhunderts – wahrscheinlich unter Einfluss von französisch *ode* – aus lateinisch *ōdē* entlehnt, das seinerseits aus griechisch *ōdḗ* (◄ *aoidḗ*) »Gesang, Gedicht, Lied« übernommen ist. Dies gehört zu griechisch *aeídein* »singen«. ♦ Griechisch *ōdḗ* steckt auch in einigen Zusammensetzungen, so in ☞ Komödie, ☞ Tragödie, ☞ Melodie und ☞ Parodie.

Oper

»musikalisches Bühnenwerk; Opernhaus«: Das seit Mitte des 17. Jahrhunderts zuerst als *Opera* bezeugte Substantiv stammt wie die meisten musikalischen Bezeichnungen aus dem Italienischen. Das italienische Wort *opera (in musica)* bedeutet zunächst »(Musik)werk«. Es ist ein Kunstwort, das auf lateinisch *opera* »Mühe, Arbeit; erarbeitetes Werk« basiert (es besteht ein Zusammenhang mit *operieren*).

Orchester

Zu griechisch *orcheīsthai* »tanzen, hüpfen, springen« gehört die Substantivbildung griechisch *orchḗstrā* »Teil des Theaters, wo der Chor sich bewegt; Tanzplatz«. Über lateinisch *orchestra*, das eigentlich den für die Senatoren bestimmten Ehrenplatz vorn im Theater bezeichnete, später dann auch jenen Teil der vorderen Bühne, auf dem die Musiker und Tänzer auftraten, gelangte das Wort in die romanischen Sprachen (italienisch *orchestra*, französisch *orchestre*) und von dort zu Beginn des 18. Jahrhunderts ins Deutsche mit der Bedeutung »Raum für die Musiker vor der Bühne«. Seit der Mitte des 18. Jahrhunderts wird *Orchester* dann zumeist im Sinne von »größeres Ensemble von Instrumentalisten unter der Leitung eines Dirigenten« verwendet.

Orgie

Das Substantiv für »ausschweifendes Gelage; Ausschweifung«: ist griechischen Ursprungs und ist seit dem 18. Jahrhundert gebräuchlich. Es stammt aus dem zum Stamm von griechisch *érgon* »Werk; Dienst« (vergleiche hierzu *Energie*) gehörenden griechischen Wort *órgia* »heilige Handlung, geheimer Gottesdienst«, das speziell die Geheimfeiern des Bacchusdienstes und die damit verbundenen wilden und ausgelassenen nächtlichen Schwärmereien bezeichnete. Über lateinisch *orgia* »nächtliche Bacchusfeier« gelangte das Wort im 17. Jahrhundert – zunächst als Plural *Orgien* – ins Deutsche.

Orient

Das Wort mittelhochdeutsch *orient* bezeichnet im Gegensatz zu *Okzident* die vorder- und mittelasiatischen Länder, aber auch die östliche Welt und deren Kulturen. Entlehnt ist das seit mittelhochdeutscher Zeit belegte Substantiv aus lateinisch *oriēns (sol)*, das wörtlich »aufgehende Sonne« bedeutet, später dann übertragen »Land, das in Richtung der aufgehenden Sonne liegt; Osten, Morgenland«. Das zugrunde liegende Verb lateinisch *orīrī* »aufstehen, sich erheben; entstehen, entspringen«, das auch Stammwort für lateinisch *orīgo (originis)* »Ursprung, Quelle; Stamm« ist (vergleiche *original*), gehört zu der Wortfamilie um *rinnen*.

Ovation

»Huldigung, Beifall«: Das Substantiv wurde im 16. Jahrhundert aus lateinisch *ovātio* »kleiner Triumph« (wenn der Feldherr nach einem Sieg nicht auf einem Wagen, wie beim üblichen Triumph, sondern nur zu Pferd oder zu Fuß mit einem Myrtenkranz auf dem Kopf Einzug hielt) entlehnt. Dies ist eine Bildung zu lateinisch *ovāre* »triumphieren; siegreich Einzug halten«.

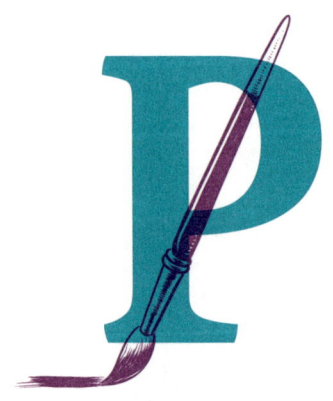

Pantomime

»Darstellung einer Szene nur mit Gebärden, Mienenspiel und tänzerischen Bewegungen«, als Maskulinum »Darsteller einer Pantomime«: Das Wort wurde im 17. Jahrhundert aus gleichbedeutend lateinisch *pantomimus* entlehnt, das seinerseits aus griechisch *pantómīmos* (ursprünglich Adjektiv mit der Bedeutung »alles nachahmend«) übernommen ist. Dies ist eine Bildung zu griechisch *pās (pantós)* »alles, ganz« (vergleiche *pan-*, *Pan-*) und griechisch *mīmeīsthai* »nachahmen«.

Papier

Das Substantiv bezeichnet den vorwiegend aus Pflanzenfasern hergestellten blattförmigen Werkstoff (zum Beschreiben, Bedrucken) und wurde im 14. Jahrhundert aus lateinisch *papȳrum* entlehnt, einer Nebenform von lateinisch *papȳrus* »Papyrusstaude; (aus dem Bast der Papyrusstaude hergestelltes) Papier«. Das lateinische Wort stammt aus gleichbedeutend griechisch *pápȳros*, das selbst Lehnwort unbekannten Ursprungs ist.

Parabel ....

»Gleichnis; lehrhafte Erzählung, Lehrstück«: Das bereits seit althochdeutscher Zeit in der Bedeutung »Beispiel; Gleichnis« bezeugte Wort ist aus lateinisch-kirchenlateinisch *parabola* »Gleichnisrede, Gleichnis; Erzählung, Spruch« entlehnt. Dies ist selbst aus griechisch *parabolḗ* »das Nebeneinanderwerfen, die Vergleichung; das Gleichnis« übernommen (zu griechisch *para-bállein* »danebenwerfen; vergleichen«. ♦ Neben kirchenlateinisch *parabola* gab es höchstwahrscheinlich in der Volkssprache das vulgärlateinische **paraula*, das vorausgesetzt wird von portugiesisch *palavra* »Unterredung, Erzählung« (siehe *Palaver, palavern*), von französisch *parole* »Wort, Rede, Spruch« (vergleiche auch *Parole*) und von französisch *parler* »sprechen, reden« (siehe hierzu *parlieren*).

Parodie ....

»komisch-satirische Nachahmung eines meist künstlerischen, oft literarischen Werkes oder des Stils eines Künstlers«, in der Musik »Verwendung von Teilen einer eigenen oder fremden Komposition für eine andere Komposition; Vertauschung von geistlichen und weltlichen Texten und Kompositionen«: Das Substantiv wurde im 17. Jahrhundert aus gleichbedeutend französisch *parodie* entlehnt und geht auf griechisch *par-ōidía* zurück. Dies ist eine Bildung aus griechisch *pará* »entlang, neben« und griechisch *ōidḗ* »Gesang, Gedicht, Lied« (vergleiche ☞ Ode) und bedeutete demnach zunächst etwa »Nebengesang, Beilied«, dann »nachahmendes, verzerrendes Lied; Parodie«.

Pathos ....

Der Ausdruck für »Leidenschaft, feierliche Ergriffenheit; übertriebene Gefühlsäußerung« wurde Ende des 17. Jahrhunderts aus dem griechischen Substantiv *páthos* »Leidenschaft; Leid, Leiden; Schmerz; Unglück« entlehnt. Dies ist eine Bildung zu griechisch *páschein* »erfahren, erdulden, leiden«.

Pause

»Unterbrechung (einer Tätigkeit); Aufenthalt; kurze Zeit der Rast und Erholung«: Das bereits seit dem 13. Jahrhundert bezeugte Substantiv (mittelhochdeutsch *pûse*) beruht auf einer durch das Romanische vermittelten Entlehnung (vergleiche zum Beispiel italienisch *posa* und altfranzösisch *pose* »Ruhe«) aus lateinisch *pausa* »das Innehalten, die Pause«. Dies stammt wahrscheinlich aus griechisch *paúein* (Aorist: *paûsai*) »aufhören machen; aufhören, ablassen«.

Pavillon

Quelle dieses Substantivs ist lateinisch *pāpilio* »Schmetterling«, das bereits im Spätlateinischen auch übertragen »Zelt« bedeutete, wohl wegen eines Vergleichs des aufgespannten Zeltes mit den Flügeln eines Schmetterlings. Erstmals erscheint das lateinische Wort im Mittelhochdeutschen als *pavelun(e)*, *pavilun(e)* »Zelt« in der Sprache des höfischen Epos, vermittelt durch entsprechend altfranzösisch *pavillon*. Mit dem Untergang der höfischen Kultur verschwand das Wort. Um 1600 wurde es erneut aus französisch *pavillon* entlehnt, zuerst im Sinne von »Kriegs-, Schutzzelt«. Seit dem 18. Jahrhundert ist es im Sinne von »Festzelt; kleines Gartenhaus, Gartenlaube; zumeist halb offener Rundbau in Parks oder Ähnlichem« gebräuchlich.

Pedal

»Tretvorrichtung«: Das seit dem 16. Jahrhundert – zuerst in der Bedeutung »Orgel-, Klavierpedal« – bezeugte Substantiv geht auf neulateinisch *pedale* zurück, das substantivierte Neutrum von lateinisch *pedālis* »zum Fuß gehörig«. Dies ist eine Bildung zu lateinisch *pēs, pedis* »Fuß«, das zudem Ausgangspunkt für *Pionier, Expedition, Spedition* ist. Es besteht ein Zusammenhang mit *Moped*.

Pergament

Das Wort für »Schreibmaterial aus geglätteter und enthaarter Tierhaut« (auch Bezeichnung für alte Handschriften auf solchem Material) wurde in mittelhochdeutscher Zeit aus gleichbedeutend mittellateinisch *pergamen(t)um* entlehnt. Dies steht für lateinisch *(charta) pergamēna*, das bereits gleichbedeutend althochdeutsch *pergamīn* geliefert hatte. Die Bezeichnung ist vom Namen der antiken kleinasiatischen Stadt Pergamon abgeleitet, weil die Verarbeitung von Tierhäuten zu Schreibmaterial erfunden worden sein soll.

Perspektive

»Ausblick; Zukunftsaussicht; Blickwinkel; dem Augenschein entsprechende ebene Darstellung räumlicher Verhältnisse und Gegenstände«: Das Substantiv wurde im 16. Jahrhundert als Fachbegriff der Malerei aus mittellateinisch *(ars) perspectiva*, eigentlich »durchblickende Kunst« entlehnt. Das zugrunde liegende Adjektiv spätlateinisch *perspectivus* »durchblickend« gehört zu lateinisch *per-spicere* »mit dem Blick durchdringen, deutlich sehen, wahrnehmen«.

pfeifen

Das westgermanische Verb *pfeifen* mittelhochdeutsch *pfīfen*, mittelniederdeutsch *pīpen*, niederländisch *pijpen*, englisch *to pipe* ist aus lateinisch *pīpāre* »piepen« entlehnt. Das lateinische

Verb ist, wie zum Beispiel auch das griechische Verb *pip(p)ízein* »piepen«, lautmalenden Ursprungs und ahmt besonders den Laut junger Vögel nach.

Philharmonie

Das Substantiv ist aus griechischen Wortelementen gebildet (griechisch *phílos* »liebend; Freund« und griechisch *harmonía* »Fügung; Einklang, Wohlklang; Musik«) und bedeutet wörtlich etwa »Liebe zur Musik«. Seit dem 19. Jahrhundert erscheint es bei uns als Name für musikalische Gesellschaften, Konzertsäle und Spitzenorchester.

Phonetik

Die Bezeichnung für »Lautlehre; Stimmbildungslehre« ist eine gelehrte Bildung des 19. Jahrhunderts zu griechisch *phōnḗ* »Ton, Laut; Stimme« (*phōnētikós* »zum Tönen, Sprechen gehörig«), Dies gehört zu dem griechischen Verb *phánai* »sagen, sprechen und Ähnliches«. ♦ Als Grundwort erscheint griechisch *phōnḗ* in Wörtern wie *Grammophon* und *Sinfonie*.

piano

Der musikalische Fachterminus für »leise, schwach« wurde im 17. Jahrhundert aus gleichbedeutend italienisch *piano* entlehnt, das auf lateinisch *plānus* »flach, eben« (vergleiche hierzu *plan*) zurückgeht. ♦ Dazu gehört die Steigerungsform **pianissimo** »sehr leise« (17. Jahrhundert). ♦ Mit dem Adjektiv formal identisch ist das Substantiv **Piano** »Klavier«, das als Bezeichnung für das »Hammerklavier« aus dem älteren **Pianoforte** (18. Jahrhundert) gekürzt ist. Dies ist aus gleichbedeutend französisch *piano-forte* entlehnt, das seinerseits aus italienisch *pianoforte* übernommen ist. Das *Pianoforte* – dafür auch mit Umstellung der Wörter *Fortepiano* – wurde nach seiner charakteristischen Eigenart bezeichnet, dass man seine Tasten im Gegensatz zu Spinett und Klavichord sowohl »leise« (= piano) als auch »stark und laut« (= *forte*) anschlagen kann.

Pinsel

Die Bezeichnung des aus einem meist längeren (Holz)stiel mit eingesetztem Haar- oder Borstenbüschel bestehenden Gerätes (mittelhochdeutsch *bensel, pinsel*) ist durch Vermittlung von gleichbedeutend altfranzösisch *pincel* (= französisch *pinceau*) aus vulgärlateinisch **penicellus* (lateinisch *penicillus*) »Pinsel« entlehnt. Dies ist eine Bildung zu lateinisch *peniculus* »Schwänzchen; Bürste; Schwamm; Pinsel«, einer Verkleinerungsbildung zu lateinisch *pēnis* »Schwanz; männliches Glied«, aus dem das Substantiv **Penis** »männliches Glied« stammt.

pittoresk

Das Adjektiv für »malerisch, von eigenartigem Reiz« wurde im 18. Jahrhundert aus gleichbedeutend französisch *pittoresque* entlehnt, das seinerseits aus italienisch *pittoresco* »malerisch (schön)« übernommen ist. Dies ist eine Bildung zu italienisch *pittore* (◄ lateinisch *pictor*) »Maler«.

Plagiat

Der Ausdruck für »Diebstahl geistigen Eigentums« wurde im 18. Jahrhundert aus gleichbedeutend französisch *plagiat* entlehnt, das zu französisch *plagiaire* »jemand, der geistiges Eigentum stiehlt« gebildet ist. Dieses geht auf lateinisch *plagiārius* »Seelenverkäufer, Menschenräuber« zurück, einer Bildung zu lateinisch *plagium* »Menschenraub, Seelenverkauf«.

Plakat

Das Substantiv für »öffentlicher Aushang; (Werbe)anschlag«: wurde im 16. Jahrhundert aus gleichbedeutend niederländisch *plakkaat* (mittelniederländisch *plackae[r]t*) übernommen, das seinerseits aus französisch *placard* »(Tür-, Wand)verkleidung; Anschlagzettel, Aushang« entlehnt ist. Dies gehört zu dem Verb französisch *plaquer* »belegen, bekleiden, überziehen«, welches aus dem Germanischen, und zwar aus den mit deutsch *Placken* »Flicklappen« verwandten Wörtern mittelniederländisch, niederdeutsch *placken* »einen Flicken auflegen, ankleben; flicken«, hervorging.

plastisch

Das Adjektiv mit der Bedeutung »modellierfähig; einprägsam; bildhaft; die Plastik betreffend« wurde im 18. Jahrhundert aus französischen Wort *plastique* »formbar; anschaulich« entlehnt, das auf lateinisch *plasticus* »formbar« zurückgeht. Dies ist aus griechisch *plastikós* »zum Bilden, Formen, Gestalten gehörig« übernommen, einer Ableitung von griechisch *plástēs* »bildender Künstler, Bildhauer; Bildner«, das zu griechisch *plássein* (◄ *pláth-ịein*) »aus weicher Masse bilden, formen, gestalten« gehört. ♦ Gleichen Ursprungs wie *plastisch* ist das englische Adjektiv *plastic* »formbar, knetbar, weich«, aus dessen Substantivierung *plastic(s)* »Kunststoff« im 20. Jahrhundert unser **Plastik** »Kunststoff« übernommen wurde.

Poesie

»Dichtung, Dichtkunst (im Besonderen die Versdichtung im Gegensatz zur ☞ Prosa)«; auch übertragen gebraucht im Sinne von »dichterischer Stimmungsgehalt, Zauber«: Das Wort wurde Ende des 16. Jahrhunderts aus gleichbedeutend französisch *poésie* entlehnt, das selbst auf lateinisch *poēsis* »Dichtkunst« zurückgeht. Dies ist aus griechisch *poíēsis* »das Machen, das Verfertigen; das Dichten, die Dichtkunst« übernommen, einer Bildung zum griechischen Verb *poieīn* »machen, verfertigen; dichten; schöpferisch tätig sein«.

Pointe

Der Audruck für »überraschender (geistreicher) Schlusseffekt (zum Beispiel eines Witzes)« wurde im Laufe des 18. Jahrhunderts aus gleichbedeutend französisch *pointe* entlehnt, das wörtlich »Spitze, Schärfe« bedeutet und auf vulgärlateinisch *puncta* »Stich« zurückgeht. Dies ist das substantivierte Femininum des Partizip Perfekts von lateinisch *pungere* »stechen« (es besteht ein Zusammenhang mit *Punkt*).

Polemik

Die Bezeichnung für »intellektuelle Auseinandersetzung um literarische, wissenschaftliche und andere Fragen; scharfer Angriff ohne sachliche Argumente« ist eine Entlehnung des angehenden 18. Jahrhunderts aus gleichbedeutend französisch *polémique*. Dieses ist die Substantivierung des französischen Adjektivs *polémique*, das eigentlich »kriegerisch, streitbar« bedeutete. Es geht auf das griechische Wort *polemikós* »den Krieg betreffend; kriegerisch« (die Ableitung von griechisch *pólemos* »Krieg«) zurück.

Polka

Der im Jahre 1831 in Prag aufgekommene und sodann von dort übernommene Rundtanz im $^2/_4$-Takt trägt seine Bezeichnung zu Ehren der damals unterdrückten Polen: tschechisch *polka* »polnischer Tanz« (polnisch *Polka* »Polin«, *polka* »Polka«).

Pop

Die Sammelbezeichnung für Popmusik, Popkunst, Popliteratur und Ähnliches wurde in der 2. Hälfte des 20. Jahrhunderts aus gleichbedeutend englisch *pop* entlehnt. Dies ist eine Kürzung aus englisch *pop art* (*pop music* und Ähnliches), ursprünglich *popular art* »volkstümliche Kunst«. Das englische Wort *popular* »volkstümlich« geht über altfranzösisch *populeir* auf lateinisch *popularis* »volkstümlich« zurück.

Pornografie

Die Bezeichnung für die Darstellung sexueller Akte in Sprache und/oder Bild wurde im 19. Jahrhundert aus gleichbedeutend französisch *pornographie* entlehnt. Dies ist eine Bildung zu französisch *pornographe* »Verfasser unzüchtiger Schriften«, das aus griechisch *pornográphos* »jemand, der über Prostituierte schreibt« entlehnt ist. Das griechische Wort enthält als ersten Bestandteil griechisch *pórnē* »Prostituierte«; zum zweiten Bestandteil griechisch *gráphein* »schreiben«; vergleiche ☞ Grafik.

Porzellan

Die seit Ende des 15. Jahrhunderts bezeugte Bezeichnung für das ursprünglich aus China und Japan über Italien importierte keramische Erzeugnis (aus Kaolin, Quarz und Feldspat) ist aus dem Italienischen entlehnt. Italienisch *porcellana* bezeichnet eigentlich eine Art weißer Meeresschnecke. Erst sekundär wurde das Wort auf das feine asiatische Porzellan übertragen, weil man glaubte, dass dieses Erzeugnis aus der pulverisierten Substanz der weiß glänzenden Schale solcher Schnecken hergestellt werde. ♦ Italienisch *porcellana* ist eine Ableitung von italienisch *porcella* »kleines weibliches Schwein«, das auch selbst mundartlich in der Bedeutung »Meeresschnecke« begegnet.

Das italienische Wort geht auf lateinisch *porcella* »kleines weibliches Schwein« zurück, eine Bildung zu dem mit deutsch *Ferkel* urverwandten lateinischen *porcus* »Schwein, Sau«, auch »weibliche Scham, Vagina«. Die Bedeutungsgeschichte ist nicht sicher geklärt. Wahrscheinlich erfolgte die Bezeichnung der Schnecke nach der Ähnlichkeit mit dem Geschlechtsteil eines weiblichen Schweins.

Poster

Das Substantiv wurde als Bezeichnung für ein künstlerisches, dekoratives (Werbe)plakat in der 2. Hälfte des 20. Jahrhunderts aus gleichbedeutend englisch-amerikanisch *poster* entlehnt. Dies ist eine Bildung zu englisch *to post* »(Plakate) anschlagen«, einer Bildung zu englisch *post* »Pfosten«, das seinerseits auf lateinisch *postis* »Pfosten« zurückgeht.

Propaganda

Das seit dem 19. Jahrhundert gebräuchliche Substantiv mit der Bedeutung »(politische) Werbetätigkeit; Versuch der Massenbeeinflussung« entstammt dem kirchlichen Bereich. Es hat sich aus neulateinisch *Congregatio de propaganda fide*, dem Namen einer 1622 in Rom gegründeten »päpstlichen Gesellschaft zur Verbreitung des Glaubens«, herausgelöst. Das dem Wort zugrunde liegende lateinische Verb *propāgāre* »weiter ausbreiten, ausdehnen; durch Setzling fortpflanzen« setzt sich formal in unserem Verb **propagieren** »Propaganda machen, für etwas werben, etwas verbreiten« (19. Jahrhundert) fort.

Prosa

»Rede oder Schrift in ungebundener Form« (im Gegensatz zur ☞ Poesie), auch übertragen für »nüchterne Sachlichkeit«:

Das Substantiv mittelhochdeutsch *pröse*, althochdeutsch *prösa*
ist aus gleichbedeutend lateinisch *prosa (örätiö)* entlehnt, das
eigentlich »geradeaus gerichtete (= schlichte) Rede« bedeutet.
Es gehört zu lateinisch *prörsus* (◄ *prövorsus*) »nach vorwärts
gewendet« (vergleiche *pro-, Pro-*).

Psalm

Die Bezeichnung für die im *Alten Testament* gesammelten 150
religiösen Lieder des jüdischen Volkes (mittelhochdeutsch
psalm[e], althochdeutsch *psalm[o]*) ist aus gleichbedeutend kirchenlateinisch *psalmus* entlehnt, das seinerseits aus griechisch
psalmós »das Zupfen der Saiten eines Musikinstrumentes, das
Saitenspiel; das zum Saitenspiel vorgetragene Lied; der Psalm«
übernommen ist. Dies ist eine Bildung zu griechisch *psállein*
»berühren, betasten; die Saite zupfen, Zither spielen«.

Publikum

»die Öffentlichkeit; die Zuschauer«, insbesondere »Zuhörer-,
Leser-, Besucherschaft«; allgemein »die Umstehenden«: Das
Substantiv ist seit dem 18. Jahrhundert gebräuchlich. Es wurde
aus mittellateinisch *publicum (vulgus)* »das gemeine Volk; die
Öffentlichkeit« entlehnt (vergleiche hierzu *publik*). Für die
Bedeutungsdifferenzierung des Wortes liegt allerdings wohl
Einfluss von entsprechend französisch *public* »Öffentlichkeit;
Publikum« und dem daraus entlehnten englischen Substantiv
public »Öffentlichkeit; Publikum« vor.

Punk

Das Wort bezeichnet im Deutschen eine »Protestbewegung
von Jugendlichen mit bewusst rüdem Auftreten und auffal-
lender Aufmachung« und einen »Anhänger dieser Bewegung«.

Es wurde übernommen aus gleichbedeutend englisch *punk*, einer Kurzform aus *punk-rock* und *punk-rocker*, nach der dem Punk eigenen Musikrichtung (vergleiche ☞Rock). Das Adjektiv *punk* bedeutet »minderwertig, verdorben«. Ob die Anhänger dieser Bewegung die Bezeichnung selbst verbreitet haben, um eventuell ihrer provozierenden Selbstdarstellung Ausdruck zu verleihen, ist ungeklärt.

Purpur ....

»hochroter Farbstoff; purpurfarbenes, prächtiges Gewand«: Das Wort (mittelhochdeutsch *purpur*, althochdeutsch *purpura*) ist aus gleichbedeutend lateinisch *purpura* entlehnt, das seinerseits aus griechisch *porphýrā* »Purpurschnecke; aus dem Saft der Purpurschnecke gewonnener hochroter Farbstoff; purpurfarbener Stoff« übernommen ist. Das Wort ist vorgriechischen (vermutlich kleinasiatischen) Ursprungs.

Putte ....

Die seit Ende des 17. Jahrhunderts bezeugte Bezeichnung für die (besonders im Barock beliebten) Knaben- und Engelsgestalten der Malerei und Plastik ist aus gleichbedeutend italienisch *putto*, ursprünglich »Knäblein«, entlehnt. Es geht auf lateinisch *putus* »Knabe« zurück, das mit deutsch *Fohlen* verwandt ist.

radieren

Das seit dem 15. Jahrhundert bezeugte Verb gehört im engeren Sinne in den kulturgeschichtlichen Zusammenhang zu den Wörtern des Schriftwesens. Es ist aus lateinisch *radere (rasum)* »(aus)kratzen, schaben; reinigen« entlehnt, das mit deutsch *Ratte* wurzelverwandt ist. Im frühen 18. Jahrhundert erscheint *radieren* als Fachwort der Kupferstecher in der Bedeutung »eine Zeichnung auf eine Kupferplatte einritzen«.

Rap

Das Wort für »Sprechgesang (ursprünglich von Jugendlichen aus afroamerikanischen Großstadtgettos der USA)« wurde in der 2. Hälfte des 20. Jahrhunderts aus englisch umgangssprachlich *to rap* »quatschen«, eigentlich »klopfen« entlehnt.

Refrain

»Kehrreim«: Das Wort wurde Mitte des 17. Jahrhunderts aus gleichbedeutend französisch *refrain* entlehnt. Die eigentliche

Bedeutung des französischen Substantivs ist »Rückprall (der Wogen von den Klippen)«. Es ist abgeleitet von altfranzösisch *refraindre* »(zurück)brechen; wiederholt unterbrechen; modulieren«, das ein vulgärlateinisches Verb **refrangere* (= klassisch lateinisch *refringere*) »auf-, zurückbrechen; brechend zurückwerfen« fortsetzt.

Regie

Der Ausdruck für »Verwaltung; (Spiel)leitung (zum Beispiel bei Theater, Oper, Film, Hörfunk usw.)« wurde im 18. Jahrhundert aus französisch *régie* »verantwortliche Leitung; Verwaltung« entlehnt. Dies ist ursprünglich das substantivierte weibliche Partizip Perfekt von französisch *régir* »leiten, lenken, verwalten«, das auf lateinisch *regere* »gerade richten, lenken; herrschen« (vergleiche *regieren*) zurückgeht.

Renaissance

Die Bezeichnung für die kulturelle Bewegung in Europa im Übergang vom Mittelalter zur Neuzeit, die durch eine Rückbesinnung auf Werte und Formen der griechisch-römischen Antike gekennzeichnet ist, wurde im 19. Jahrhundert aus gleichbedeutend französisch *renaissance* entlehnt. Dies ist eine Bildung zu französisch *renaître* »wieder geboren werden; wieder aufleben« und bedeutet eigentlich »Wiedergeburt«.

Requiem

Die bereits seit dem 15. Jahrhundert bezeugte Bezeichnung der katholischen Toten- oder Seelenmesse geht auf das Eingangsgebet *requiēm aeternam dōna eīs, Domine* »Herr, gib ihnen die ewige Ruhe« zurück. Zugrunde liegt lateinisch *requiēs* »Ruhe, Rast; Todesruhe«.

restaurieren

»wiederherstellen, ausbessern; früher auch reflexiv gebraucht im Sinne von »sich erholen, sich erfrischen«: Das Verb wurde zu Beginn des 16. Jahrhunderts wie entsprechend französisch *restaurer* aus lateinisch *restaurāre* »wiederherstellen« entlehnt.

♦ Um *restaurieren* gruppieren sich **Restauration** »Wiederherstellung, Ausbesserung (eines schadhaften Kunstwerkes); Wiederherstellung früherer gesellschaftlicher oder politischer Verhältnisse«, landschaftlich »Gaststättenbetrieb, Restaurant« (16. Jahrhundert; aus spätlateinisch *restauratio* »Wiederherstellung; Erneuerung«). Das Substantiv **Restaurant** »Gaststätte« wurde im frühen 19. Jahrhundert aus gleichbedeutend französisch *restaurant* übernommen, das substantiviert ist aus dem Partizip Präsens von französisch *restaurer* »wiederherstellen; stärken«. Es bezeichnete ursprünglich eine Stärkung, einen nahrhaften Schnellimbiss, insbesondere eine Art Kraftbrühe. Erst sekundär wurde es zur Bezeichnung von Gaststätten, in denen solche Kraftbrühen gereicht wurden.

Rhythmus

»Gleichmaß, gleichmäßig gegliederte Bewegung; periodischer Wechsel (natürlicher Vorgänge); regelmäßiger formbildender Wechsel von betontem und unbetontem Takt in der Musik«: Das Substantiv wurde im 18. Jahrhundert aus gleichbedeutend lateinisch *rhythmus* entlehnt, das seinerseits aus griechisch *rhythmós* »geregelte Bewegung, Zeitmaß; Gleichmaß« übernommen ist. Das griechische Wort, das zunächst »das Fließen« bedeutet und dessen übertragene Bedeutungen sich wohl aus dem Bild von dem stetigen und gleichförmigen Auf und Ab der Meereswellen entwickelt haben, ist eine Nominalbildung zum Stamm von griechisch *rheīn* »fließen, strömen«.

Riese

Die germanischen Bezeichnungen für das mythische Wesen und für die übergroße Märchengestalt sind nicht sicher geklärter Herkunft. Die germanischen Formen mittelhochdeutsch *rise*, althochdeutsch *riso*, niederländisch *reus*, schwedisch *rese* hatten ursprünglich wohl anlautendes w-, vergleiche altsächsisch *wrisilīk* »riesenhaft«, und könnten dann zum Beispiel mit griechisch *rhíon* »Bergspitze, Vorgebirge« verwandt sein. Da in der germanischen Mythologie die Riesen oft als auf Bergen sitzend dargestellt werden, ließe sich *Riese* etwa als »auf Bergen hausendes Wesen« deuten.

Rock

Das Substantiv ist entweder abgekürzt aus der Bezeichnung **Rock and Roll, Rock 'n' Roll** oder aus der Zusammensetzung **Rockmusik.** Die Bezeichnung des Tanzes ist eine Bildung zu englisch *to rock* »schaukeln, wackeln« und zu englisch *to roll* »drehen, herumwirbeln«.

Rokoko

Das Substantiv bezeichnet die charakteristische Stilphase der europäischen (Bau)kunst des 18. Jahrhunderts, die das Barockzeitalter ablöste. Es stammt aus dem Französischen, wie auch die Grundlagen dieses Kunststils selbst. Französisch *rococo* (Adjektiv und Substantiv) ist eine in der familiären Sprache der Pariser Ateliers aufgekommene Ableitung von französisch *rocaille* »Geröll; aufgehäufte Steine; Grotten-, Muschelwerk usw.« (zu französisch *roc* »Felsen«). Das Wort spielt somit auf die großzügige dekorative Verwendung von allerlei Grotten-, Muschel- und Steinwerk in der Bauweise dieser Zeit an.

Roman

Das Substantiv wurde im 17. Jahrhundert aus gleichbedeutend französisch *roman* (altfranzösisch *romanz*, *romant*) entlehnt. Das französische Wort, das ein vulgärlateinisches Adverb *romanice* »auf romanische Art; in romanischer Sprache« fortsetzt, bezeichnete eigentlich eine in lateinisch-romanischer Volkssprache (im Gegensatz zur Gelehrtensprache des klassischen Lateins) verfasste oder aus dieser übersetzte Erzählung. Seit dem 14./15. Jahrhundert bezeichnete es speziell die abenteuerlichen Ritterdichtungen des Mittelalters, seit dem 17./18. Jahrhundert dann die literarische Gattung erzählerischer Prosa, die das Schicksal eines Einzelnen oder einer Gruppe schildert.

romanisch

Das seit dem 17. Jahrhundert gebräuchliche Adjektiv geht auf lateinisch *rōmānus* »römisch, zu Rom gehörig« zurück. Es wurde dann insbesondere im Sinne von »sich aus römischer Kultur und Sprache herleitend« gebraucht, seit dem 19. Jahrhundert auch im Sinne von »die Baukunst der Romanik betreffend«. ♦ Dazu gebildet ist **Romanik** (Anfang 20. Jahrhundert) als Bezeichnung für den Baustil von ca. 1000 bis 1250, der vor allem durch Rundbögen, Kreuzgewölbe und flächenhafte Fresken gekennzeichnet ist.

romantisch

Das Adjektiv ist eine Entlehnung des 17. Jahrhunderts aus dem französischen Wort *romantique*, das abgeleitet ist von französisch *roman* (altfranzösisch *romanz*, *romant*; vergleiche auch ☞ Roman). Wie dies bedeutete es ursprünglich »dem Geist der mittelalterlichen Ritterdichtung gemäß; romanhaft«. Erst im 18. Jahrhundert entwickelten sich im Französischen wie im

Deutschen unter dem Einfluss des entsprechenden englischen Adjektivs *romantic,* das selbst aus dem Französischen stammt, die Bedeutungen »poetisch, fantastisch, wunderbar, abenteuerlich«, »gefühlsbetont, schwärmerisch« und »stimmungsvoll, malerisch; geheimnisvoll, düster«. Seit dem 19. Jahrhundert wird *romantisch* auch im Sinne von »die Romantik betreffend, von ihr geprägt« gebraucht. ♦ Dazu ist **Romantik** (Ende 18. Jahrhundert) gebildet, das zuerst im Sinne von »das Romantische, Fantastische als Eigenart des Romans« gebräuchlich war, dann zum Kunst- und Epochenbegriff (im Gegensatz zur Aufklärung und Klassik) wurde.

rot

Das gemeingermanische Farbadjektiv mittelhochdeutsch, althochdeutsch *rōt,* gotisch *rauþs,* englisch *red,* schwedisch *röd* gehört mit verwandten Wörtern in den meisten anderen indogermanischen Sprachen zu der indogermanischen Wurzel **reudh-* »rot«, vergleiche zum Beispiel altindisch *rudhiráḥ* »rot; blutig«, griechisch *erythrós* »rot«, *éreuthos* »Röte«, lateinisch *rubeus* »rot« (vergleiche *Rubin*), *ruber* »rot«, *rubrica* »rote Farbe, rote Erde« (vergleiche *Rubrik*«), altlateinisch *robus* »Kernholz« (nach der dunklen rötlichen Farbe) und russisch landschaftlich *rudyj* »fuchsrot«.

Ruhm

Das Wort wird im heutigen Sprachgebrauch im positiven Sinne von »hohes Ansehen« verwendet und bedeutete ursprünglich »Geschrei (mit dem sich jemand brüstet), Prahlerei; Lobpreisung«. Das auf das deutsche und niederländische Sprachgebiet beschränkte Substantiv (mittelhochdeutsch *ruom,* althochdeutsch *[h]ruom,* niederländisch *roem;* vergleiche altenglisch *hrœmig* »sich rühmend«) gehört zu der Wortgruppe um *rufen*. Anders gebildet sind gotisch *hrōþeigs* »ruhmreich«, altenglisch *hrōðor* »Freude«, altisländisch *hrōðr* »Ruhm, Lob«, vergleiche althochdeutsch *(h)ruod-* »Ruhm«, das in Personennamen wie *Rudolf* bewahrt ist.

Rune ....

Mittelhochdeutsch *rūne*, althochdeutsch *rūna* »Geheimnis; geheime Beratung; Geflüster«, gotisch *rūna* »Geheimnis; (geheimer) Ratschluss«, altenglisch *rūn* »Geheimnis; Beratung; Runenzeichen«, altisländisch *rūn* »Geheimnis; Zauberzeichen; Runenzeichen« beruhen auf germanisch **rūnō-* »Geheimnis«, das vielleicht im Sinne von »(heimliches) Flüstern, Tuscheln, Murmeln« zu einer Gruppe von Lautnachahmungen gehört, vergleiche dazu mittelhochdeutsch *rienen* »jammern, klagen«, altenglisch *rēonian* »heimlich flüstern, sich verschwören; murren, klagen«, norwegisch mundartlich *rjona* »schwatzen« und außergermanisch zum Beispiel lateinisch *rumor* »Geräusch; Gerücht« (vergleiche *rumoren*). Von dem gemeingermanischen Substantiv, dem altirisch *rūn* »Geheimnis« entspricht, ist auch das Verb *raunen* abgeleitet (vergleiche *Alraun[e]*). Im Gegensatz zu *raunen*, das im Deutschen ständig in Gebrauch blieb (daher diphthongiert), kam das Substantiv in mittelhochdeutscher Zeit außer Gebrauch. Erst im 17. Jahrhundert wurde im Rahmen der wissenschaftlichen Beschäftigung mit dem germanischen Altertum *Rune* als Bezeichnung für das germanische Schriftzeichen neu belebt.

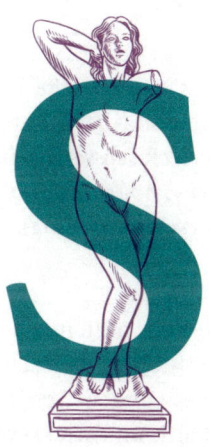

Saite

Mittelhochdeutsch *seite*, althochdeutsch *seita*, daneben *seito* »Strick; Schlinge, Fallstrick; Fessel; Darmsaite«, altenglisch *sāda* »Strick; Halfter; Saite«, altisländisch *seiðr* »Band, Gürtel« gehören mit *Seil* und *Sehne* zu der indogermanischen Wurzel **sēi-* »binden«; vergleiche zum Beispiel altindisch *syáti*, *sináti* »bindet«, *sétu-* »Band, Fessel«, litauisch *siẽtas* »Strick«, russisch *set'* »Netz«. ♦ Heute bezeichnet *Saite* nur noch den aus Därmen, Metall oder Kunststoff hergestellten dünnen, elastischen Tonerzeuger. Die seit dem 17. Jahrhundert übliche Schreibung mit -ai- dient zur Unterscheidung von *Seite*.

> **Saite ¶ andere/strengere Saiten aufziehen**
> (umgangssprachlich) »strenger vorgehen« ♦ Werden
> bei einem Musikinstrument die Saiten ausgewech-
> selt, so verändert sich der Klang, die Tonart des
> Instruments.

Sarkasmus

»beißender Spott«: Das Wort wurde im 16. Jahrhundert aus gleichbedeutend griechisch(-lateinisch) *sarkasmós* entlehnt, einer Ableitung von griechisch *sarkázein* »zerfleischen; (übertragen:) Hohn sprechen«. Zugrunde liegt das griechische Wort *sárx (sarkós)* »Fleisch« (vergleiche *Sarg*).

schauen

Das westgermanische Verb mittelhochdeutsch *schouwen*, althochdeutsch *scouwōn* »sehen, betrachten«, niederländisch *schouwen* »schauen, besichtigen«, englisch *to show* »zeigen« gehört mit ablautend altisländisch *skygn* »scharfsichtig« und altisländisch *skygna* »spähen« zu einer Wurzel **(s)keu-, *(s)kēu-* »auf etwas achten, aufpassen, bemerken«, die auch der Wortgruppe um ☞schön zugrunde liegt (eigentlich »ansehnlich«).
♦ Zusammensetzungen und Präfixbildungen: **zuschauen** (16. Jahrhundert), dazu **Zuschauer** (16. Jahrhundert; besonders im Theater, wohl nach lateinisch *spectator*) Als Bestimmungswort steht *schauen* unter anderem in **Schauplatz** (im 16. Jahrhundert für »Theater«) und **Schauspiel** (im 15. Jahrhundert *schowspiel*), dazu **Schauspieler** (16. Jahrhundert).

Schmöker

Die umgangssprachliche, ursprünglich studentensprachliche Bezeichnung für ein altes, minderwertiges Buch tritt zuerst im 18. Jahrhundert als *Schmöker, Schmöcher, Schmaucher* auf. Sie gehört zu niederdeutsch *smöken* »rauchen« und meint eigentlich wohl ein altes Buch, das der Student zum *Schmauchen* benutzte, indem er sich einen Fidibus herausriss, um die Pfeife anzustecken. Dazu **schmökern** umgangssprachlich für »gemütlich und längere Zeit etwas Unterhaltsames, Spannendes lesen«.

schön

Das gemeingermanische Adjektiv mittelhochdeutsch *schœne*, althochdeutsch *scōni* »schön; glänzend; rein«, gotisch **skaun(ei)s* »anmutig«, niederländisch *schoon* »schön; rein«, englisch *sheeny* »glänzend« gehört zur Wortgruppe um *schauen* und bedeutete ursprünglich »ansehnlich; was gesehen wird«.

schreiben

Das westgermanische starke Verb mittelhochdeutsch *schrīben*, althochdeutsch *scrīban*, niederländisch *schrijven*, altenglisch *scrīfan* »vorschreiben, anordnen« ist wohl wie die Entlehnungen *Brief* und *Tinte* mit der römischen Schreibkunst aus dem Lateinischen entlehnt worden. Es beruht auf lateinisch *scrībere* »schreiben«, das eigentlich »mit dem Griffel eingraben, einzeichnen« bedeutet und zu der indogermanischen Wortfamilie um »schneiden« gehört. Die gleiche Grundbedeutung »ritzen« zeigt auch altenglisch *wrītan*, englisch *to write* »schreiben« (eigentlich »Runen ritzen«), das im Englischen auf die neue Schreibkunst übertragen wurde.

Schund

Die frühneuhochdeutsche Substantivbildung zu *schinden* ist im 16. Jahrhundert mit der Bedeutung »Unrat, Kot«, ursprünglich »Abfall beim Schinden« aufgekommen. Seit dem 18. Jahrhundert gilt das Wort verächtlich für »schlechte Ware, Trödel«, besonders auch für »schlechte Literatur«.

singen

Das gemeingermanische starke Verb mittelhochdeutsch *singen*, althochdeutsch *singan*, gotisch *siggwan*, englisch *to sing*, schwedisch *sjunga* geht auf indogermanisch **sengu̯h-* »mit feierlicher

Stimme vortragen« zurück, vergleiche dazu griechisch *omphḗ* *(*songu̯hā)* »Stimme, Prophezeiung«. Es bezeichnete zunächst wahrscheinlich das feierliche Sprechen von Weissagungen und religiösen Texten, in christlicher Zeit zuerst das Vorlesen der heiligen Schriften und den liturgischen Gesang.

Skulptur ....

Der Fachbegriff für »Bildhauerkunst; Bildhauerarbeit« wurde um Mitte des 16. Jahrhunderts aus gleichbedeutend lateinisch *sculptūra* entlehnt. Dies gehört zu lateinisch *sculpere* »(durch Graben, Stechen, Schneiden usw.) etwas schnitzen, meißeln, bilden«, das mit lateinisch *scalpere* »ritzen, schneiden usw.« verwandt ist (vergleiche *Skalpell*).

Sockel ....

»unterer Mauervorsprung; Unterbau, Fußgestell (zum Beispiel für Statuen)«: Der Terminus der Baukunst wurde im 18. Jahrhundert aus gleichbedeutend französisch *socle* entlehnt, das selbst aus entsprechend italienisch *zoccolo* stammt. Die Quelle des Wortes ist lateinisch *socculus* »kleiner Schuh, leichte Sandale«, eine Verkleinerungsbildung zu lateinisch *soccus* »leichter griechischer Schuh« (vergleiche *Socke*), dessen Bedeutung ins Romanische übertragen wurde.

Souterrain ....

Die Bezeichnung für »Kellerwohnung, Kellergeschoss« wurde Anfang des 18. Jahrhunderts aus gleichbedeutend französisch *souterrain* entlehnt. Dies ist eigentlich Adjektiv mit der Bedeutung »unterirdisch« und geht auf gleichbedeutend lateinisch *subterrāneus* zurück, das zu lateinisch *sub* »unter, unterhalb« und lateinisch *terra* »Erde« gehört.

Spiel

Die Herkunft des Substantivs *Spiel* mittelhochdeutsch *spil*, althochdeutsch *spil*, niederländisch *spel* und des zugehörigen Verbs *spielen* ist nicht geklärt. Das Substantiv bewahrte seine vermutliche Grundbedeutung »Tanz, tänzerische Bewegung« (siehe unten *Spielmann*) bis in mittelhochdeutsche Zeit, doch bedeutete es von Anfang an meist »Kurzweil, unterhaltende Beschäftigung, fröhliche Übung«. Länger als das Substantiv bewahrte das Verb **spielen** (mittelhochdeutsch *spiln*, althochdeutsch *spilōn*, niederländisch *spelen*, altenglisch *spilian*) seine älteste Bedeutung »sich lebhaft bewegen, tanzen«. Vorwiegend jedoch bedeutet *spielen* »ein Spiel treiben, musizieren, mimisch darstellen«. ♦ Ableitung: Zum Substantiv *Spiel* gehört unter anderem die Zusammensetzung **Spielmann** (mittelhochdeutsch *spilman*, althochdeutsch *spiliman*, Plural mittelhochdeutsch *spilliute*); das Wort bezeichnete zunächst den Schautänzer und Gaukler (zu althochdeutsch *spil* »Tanz«), später den fahrenden Sänger und Musikanten des Mittelalters.

Statist

Das Fachwort der Bühnensprache für einen Darsteller, der als stumme Figur mitwirkt, der gleichsam nur »herumsteht«, ist eine neulateinische Bildung des 18. Jahrhunderts zu lateinisch *stāre (statum)* »stehen«. Es wird übertragen auch im Sinne von »unbedeutende Person, Nebenfigur« gebraucht.

Statue

»Standbild«: Das Substantiv wurde Ende des 16. Jahrhunderts aus gleichbedeutend lateinisch *statua* entlehnt. Dies gehört zum Stamm von lateinisch *stāre (statum)* »stehen« (es besteht ein Zusammenhang mit *stabil*).

Stimme ....

Das gemeingermanische Substantiv mittelhochdeutsch *stimme*, althochdeutsch *stimma*, *stimna*, gotisch *stibna*, niederländisch *stem*, altenglisch *stefn*, *stemn* ist ungeklärter Herkunft. Vermutlich gehört es mit im Einzelnen unklarer Lautentwicklung zu griechisch *stóma* »Mund«, awestisch *staman-*, kymrisch *safn* »Maul«. ♦Ableitungen: **stimmen** (mittelhochdeutsch *stimmen*) bedeutete »seine Stimme hören lassen, rufen« (vergleiche auch neuhochdeutsch *ein Lied anstimmen*), »festsetzen, benennen« *(bestimmen)* und »gleichstimmend, gleichlautend machen«. Aus der ersten Bedeutung entwickelte sich im 16. Jahrhundert die Bedeutung »sein Votum abgeben«, dazu Zusammensetzungen wie *ab-, bei-, zustimmen*. Die dritte Bedeutung gilt besonders von Musikinstrumenten, übertragen vom menschlichen Gemüt; dazu gehören **umstimmen** (2. Hälfte 17. Jahrhundert), **verstimmen** (1. Hälfte 17. Jahrhundert), auf etwas **abstimmen** (1. Hälfte 18. Jahrhundert), alle ursprünglich von Musikinstrumenten gesagt. Hierher gehört auch die intransitive Bedeutung von *stimmen* »in Einklang stehen, passend, richtig sein« (16. Jahrhundert), dazu das Präfixverb **übereinstimmen**. Von *stimmen* abgeleitet ist **Stimmung** (seit dem 16. Jahrhundert von Musikinstrumenten, seit dem 18. Jahrhundert vom Menschen im Sinne von »Gemütszustand«); dazu die Zusammensetzung **stimmungsvoll** (19. Jahrhundert).

Story ....

Die Bezeichnung für »(Kurz)geschichte, Erzählung« wurde am Ende des 19. Jahrhunderts aus gleichbedeutend englisch-amerikanisch *story* (bzw. *short story* »Kurzgeschichte«) entlehnt. Dies steht mit anderer lautlicher Entwicklung neben *history* und geht wie dieses auf lateinisch *historia* (vergleiche *Historie*) zurück, vermittelt durch altfranzösisch *estoire* (entsprechend französisch *histoire*).

Strophe ....

Das Substantiv für »mehrere zu einer rhythmischen Einheit zusammengeschlossene Verse; Gedicht-, Liedabschnitt« wurde im 17. Jahrhundert aus gleichbedeutend lateinisch *stropha* entlehnt, das seinerseits aus griechisch *strophḗ* übernommen ist. Das griechische Substantiv bedeutete ursprünglich »das Drehen, das Wenden, Wendung« (zu griechisch *stréphein* »drehen, wenden usw.«; vergleiche dazu auch die auf Bildungen zu griechisch *stréphein* beruhenden *Apostroph* und *Katastrophe*). Besonders bezeichnete griechisch *strophḗ* die schnelle Tanzwendung des Chors in der Orchestra und das der jeweiligen Wendung entsprechende, zum Tanz vorgetragene Chorlied. Aus diesem Gebrauch des Wortes entwickelte sich schließlich die allgemeine Bedeutung »Strophe«.

Sturm ....

Das gemeingermanische Substantiv mittelhochdeutsch, althochdeutsch *sturm*, niederländisch *storm*, schwedisch *storm*, englisch *storm*, gehört wahrscheinlich zu der Wortgruppe um *stören* und bedeutet daher eigentlich »Verwirrung, Unruhe, Tumult«. Seit jeher bezeichnet es sowohl das Unwetter wie den heftigen Kampf, militärisch seit mittelhochdeutscher Zeit vor allem den Angriff auf eine Festung (vergleiche die Wendung *gegen etwas Sturm laufen*, frühneuhochdeutsch *den sturm anlaufen*). Im Sinne von »innerer Aufruhr, geistig-seelischer Trieb« entstand am Ende des 18. Jahrhunderts das Schlagwort *Sturm und Drang* als Bezeichnung der sogenannten Geniezeit der deutschen Dichtung.

Swing

Die Bezeichnung des von etwa 1930 bis 1945 charakteristischen Jazzstils wurde aus englisch-amerikanisch *swing* entlehnt. Es bedeutet wörtlich »das Schwingen, das Schaukeln; der Rhythmus« und gehört zu englisch *to swing* »schwingen, schaukeln usw.«, das deutsch *schwingen* entspricht.

Symposion

Das seit dem 16. Jahrhundert – zunächst nur in der Bedeutung »Trinkgelage, Festschmaus, Gastmahl« – bezeugte Substantiv ist aus gleichbedeutend griechisch *sympósion* entlehnt, einer Bildung zu griechisch *sym-pínein* »gemeinsam trinken« (zu griechisch *sýn* »zusammen« und griechisch *pínein* »trinken«). Erst in der 2. Hälfte des 20. Jahrhunderts kam unter Einfluss von englisch-amerikanisch *symposium* die Verwendung im Sinne von »wissenschaftliches Gespräch, Tagung mit Vorträgen, (Fach)kongress« auf, nun auch in der Form **Symposium.**

synchron

Das Adjektiv (20. Jahrhundert) mit der Bedeutung »gleichzeitig, zeitgleich; gleichlaufend« steht für das ältere **synchronisch** (19. Jahrhundert). Es ist eine Neubildung zu griechisch *sýn* »zusammen, zugleich« und griechisch *chrónos* »Zeit, Zeitdauer«.
♦ Ableitung: **synchronisieren** »verschiedenartige Bewegungen in zeitlichen Gleichlauf bringen« (20. Jahrhundert), dazu das Substantiv **Synchronisation** (20. Jahrhundert; neulateinische Bildung).

Takt

Das Wort für »das abgemessene Zeitmaß einer rhythmischen Bewegung, eines musikalischen Ablaufs« ist seit dem 16. Jahrhundert bezeugt. Es wurde aus lateinisch *tactus* »das Berühren, die Berührung; das Gefühl, der Gefühlssinn« entlehnt, einer Bildung zu lateinisch *tangere (tāctum)* »berühren« (vergleiche *Tangente*). ♦ *Takt* war zuerst wie lateinisch *tactus* in der allgemeinen Bedeutung »Berührung« gebräuchlich. Die spezielle Bedeutung entwickelte sich bereits im 16. Jahrhundert, vermutlich über »Schlag, Stoß, der den Rhythmus angibt«. ♦ Mit *Takt* ursprünglich identisch ist das seit dem 18. Jahrhundert bezeugte Substantiv **Takt** »Gefühl für Schicklichkeit und Anstand, Feingefühl«, das in diesem Sinne aus gleichbedeutend französisch *tact* (eigentlich »Tastsinn«) übernommen ist.

Talent

»Geistesanlage, hohe Begabung«: Das seit dem 16. Jahrhundert bezeugte Substantiv beruht auf einer gelehrten Entlehnung aus griechisch *tálanton* »Waage; das Gewogene« (▶ lateinisch *talentum*). Dies war speziell die offizielle Handelsbezeichnung eines bestimmten Gewichts und einer diesem Gewicht entsprechenden Geldsumme. Im *Neuen Testament* erscheint das Wort mit der erweiterten konkreten Bedeutung »anvertrautes Vermögen, anvertrautes Gut«, woraus sich dann die ins Geistige übertragene Bedeutung »die (einem von Gott anvertraute) geistige Anlage« entwickelte. Der gleiche Vorgang wird an der Gewichtsbezeichnung *Pfund* fassbar in der Redewendung *mit seinen (anvertrauten) Pfunden wuchern* »seine Begabung, seine Fähigkeiten klug anwenden«.

Tanz

Das bereits seit dem 12./13. Jahrhundert bezeugte Substantiv (mittelhochdeutsch *tanz*, mittelniederdeutsch *dans, danz*) wurde im Bereich des höfischen Rittertums aus gleichbedeutend (alt)französisch *danse* entlehnt, vermutlich durch flämische Vermittlung. Das dem französischen Substantiv zugrunde liegende Verb *danser* (altfranzösisch *dancier*) »tanzen« lieferte etwa gleichzeitig das Verb **tanzen** (mittelhochdeutsch *tanzen*, mittelniederdeutsch *dansen*). ♦ Die französischen Wörter, deren weitere Herkunft nicht gesichert ist, gelangten auch in die anderen Nachbarsprachen, vergleiche zum Beispiel entsprechend niederländisch *dans* »Tanz«, *dansen* »tanzen«, englisch *dance* »Tanz«, *to dance* »tanzen«, italienisch *danza* »Tanz«, *danzare* »tanzen« und spanisch *danza* »Tanz«, *danzar* »tanzen«.

tasten

»herumfühlen, befühlen, berühren«: Das Verb wurde aus dem Romanischen entlehnt und ist seit mittelhochdeutscher Zeit bezeugt. Die entsprechenden romanischen Wörter italienisch *tastare* und altfranzösisch *taster* (= französisch *tâter*) beruhen auf einem erschlossenen Verb vulgärlateinisch **tastāre*, einem Intensivum von lateinisch *tāxāre* »berühren, antasten; prüfend betasten«. ♦ Dazu gehört das Substantiv **Taste** »Griffsteg zum Anschlagen der Saiten eines Saiteninstruments (speziell eines Klaviers); Griffbrettchen«, das im 18. Jahrhundert aus gleichbedeutend italienisch *tasto* (eigentlich »das Tasten; das Werkzeug zum Tasten«) entlehnt wurde.

Technik ....

»Handhabung, (Herstellungs)verfahren, Arbeitsweise; Hand-, Kunstfertigkeit«, im speziellen Sinne zusammenfassende Bezeichnung für die Ingenieurwissenschaften: Die Form *Technik* ist seit dem 18. Jahrhundert gebräuchlich und geht auf neulateinisch *technica* »Kunst, Künste; Anweisung zur Ausübung einer Kunst oder Wissenschaft« zurück. Dies ist eine gelehrte Bildung zu neulateinisch *technicus* »zur Kunst gehörig, kunstgemäß; wissenschaftlich, fachmännisch«, das in dieser neulateinischen Form schon seit der Mitte des 17. Jahrhunderts bezeugt ist. An seine Stelle trat seit dem 18. Jahrhundert die Adjektivbildung **technisch** »die Technik betreffend; kunstgerecht, fachgemäß«. Neulateinisch *technicus* beruht seinerseits auf dem Adjektiv griechisch *technikós* »kunstvoll, kunstgemäß; sachverständig, fachmännisch«. Das diesem zugrunde liegende Substantiv griechisch *téchnē* (◄ **téksnā*) »Handwerk, Kunst, Kunstfertigkeit; Wissenschaft« stellt sich zu griechisch *téktōn* »Zimmermann, Baumeister« (siehe auch ☞ Architekt).

Tenor ....

Der Terminus bedeutet »Inhalt, Sinn, Wortlaut« und wurde im 17. Jahrhundert aus lateinisch *tenor* »ununterbrochener Lauf;

Fortgang; Zusammenhang, Sinn, Inhalt« entlehnt. ◆ Gleichen Ausgangspunkt hat das Homonym **Tenor** »hohe männliche Stimmlage; Tenorsänger«: Es ist als musikalisches Fachwort bereits seit dem 15. Jahrhundert bezeugt und ist unmittelbar aus gleichbedeutend italienisch *tenore* entlehnt (eigentlich die Hauptstimme, welche die Melodie »hält« und nach der sich die anderen Stimmen richten sollen).

Terrasse

»Stufe, Absatz; stufenförmige Erderhöhung; nicht überdachter Austritt am Erdgeschoss eines Gebäudes«: Das Wort wurde zu Beginn des 18. Jahrhunderts aus gleichbedeutend französisch *terrasse* entlehnt. Das französische Wort seinerseits beruht auf einem nicht bezeugten galloromanischen **terracea*, das eine Kollektivbildung zu lateinisch *terra* »Erde« ist und eigentlich etwa »Erdaufhäufung« bedeutete.

Text

»Wortlaut, Beschriftung; (Bibel)stelle«: Das Substantiv wurde in spätmittelhochdeutscher Zeit aus lateinisch *textus* »Gewebe, Geflecht; Verbindung, Zusammenhang; zusammenhängender Inhalt einer Rede, einer Schrift« entlehnt. Dieses gehört zu dem lateinischen Verb *texere* »weben, flechten; fügen, kunstvoll zusammenfügen«, das seinerseits etymologisch verwandt ist mit griechisch *téktōn* »Baumeister, Zimmermann« und griechisch *téchnē* »Handwerk, Kunst, Kunstfertigkeit«.

Theater

»Schaubühne, Schauspielhaus; Aufführung eines Schauspiels«, umgangssprachlich auch für »Gezeter, Geschrei, Lärm; Getue«: Das Wort, das seit dem 16. Jahrhundert als *Theatrum* belegt ist und dann im 17. Jahrhundert nach entsprechend französisch *théâtre* eingedeutscht wurde, ist aus lateinisch *theātrum* entlehnt. Dies stammt selbst aus griechisch *théātron* »Zuschauerraum, Theater«. Stammwort ist griechisch *théā* »das Anschauen, die Schau; das Schauspiel«, das als erstes Element in griechisch *theōrós* »Zuschauer« erscheint.

Ton

»Klang, Laut, Hall; Akzent; Farbton; Umgangston«: Das Wort mittelhochdeutsch *tōn*, *dōn* »Melodie, Lied; Laut, Ton, Stimme«, althochdeutsch *tonus* (noch in lateinischer Form) ist aus lateinisch *tonus* »das (An)spannen; die Spannung der Saiten; Laut, Ton, Klang« entlehnt. Dies ist selbst aus gleichbedeutend griechisch *tónos* übernommen. Das griechische Substantiv steht im Ablaut zu dem mit deutsch *dehnen* urverwandten griechischen Verb *teínein* (◄ *tén-i̯ein*) »spannen, anspannen, dehnen usw.«.

Tragödie

»Trauerspiel« (eine der Hauptgattungen des Dramas); häufig übertragen gebraucht im Sinne von »schreckliches Geschehen, Unglück«: Das seit dem 16. Jahrhundert belegte Substantiv ist aus lateinisch *tragoedia* entlehnt, das seinerseits aus gleichbedeutend griechisch *tragōdía* übernommen ist. Das griechische Wort, eine Bildung aus griechisch *trágos* »Bock« und griechisch *ōdé* »Gesang« (vergleiche ☞ Ode), bedeutet wörtlich »Bocksgesang«. Über die Entstehung der Bezeichnung gibt es verschiedene Theorien, die sich auf den Ursprung der Tragödie aus den kultischen Feiern zu Ehren des Fruchtbarkeitsgottes Dionysos beziehen. Nach der wahrscheinlichsten sollen bei den kultischen Chorgesängen, aus denen sich im Laufe der Zeit die Tragödie als Drama entwickelt hat (durch Einführung des

Dialogs zwischen Chorführer und Chor und durch Einführung eines, später mehrerer Schauspieler), die Mitglieder des Chors ursprünglich in Bocksfellen als Satyrn verkleidet aufgetreten sein. Mit der Ausgestaltung des kultischen Chorgesangs zur dramatischen Form empfing die Bezeichnung *tragǭdía* ihren neuen Sinn.

Türkis

Die Bezeichnung des blauen bis blaugrünen Edelsteins ist in deutschen Texten bereits seit mittelhochdeutscher Zeit (mittelhochdeutsch *turkīs*, *turkoys*) bezeugt. Sie wurde aus französisch *turquoise* entlehnt, dem substantivierten Femininum des altfranzösischen Adjektivs *turquois* »türkisch« und bedeutete demnach eigentlich »türkischer (Edelstein)«. Wahrscheinlich fand man die ersten Türkise in der Türkei und bezeichnete sie dementsprechend. Der gleiche Ausdruck ist auch in anderen europäischen Sprachen üblich, vergleiche auch entsprechend italienisch *turchina*, spanisch *turquesa*, niederländisch *turkoois* und englisch *turquoise*.

urban

Das Adjektiv wurde im 18. Jahrhundert aus lateinisch *urbānus* »fein, vornehm, gebildet« entlehnt. Dies ist von lateinisch *urbs* »Stadt« abgeleitet und bedeutet zunächst »zur Stadt gehörend«. Das Adjektiv wurde zuerst im Sinne von »gebildet und weltgewandt« gebraucht, im 20. Jahrhundert – unter dem Einfluss von französisch *urbain*, englisch *urban* – dann im Sinne von »städtisch, für städtisches Leben charakteristisch«.

Urheber

»jemand, der für eine Tat verantwortlich ist, von dem etwas ausgeht; Verfasser, Erfinder«: Das seit dem 15. Jahrhundert bezeugte Substantiv ist eine Ableitung von mittelhochdeutsch *urhap*, althochdeutsch *urhab* »Anfang, Ursache, Ursprung«.

Urne

Die Bezeichnung »Ton- oder Metallgefäß, vornehmlich zur Aufbewahrung von Totenasche« wurde im 16. Jahrhundert auf gelehrtem Wege aus lateinisch *urna* »Wasserkrug; Topf, Krug; Aschenkrug; Lostopf« entlehnt. Lateinisch *ūrna* wurde schon zuvor übernommen: mittelhochdeutsch *urn* »Flüssigkeitsmaß (besonders für Wein)«.

Utopie

»als undurchführbar geltender Plan, nicht realisierbare Idee; Zukunfts-, Wunschtraum, Hirngespinst«: Das seit dem frühen 19. Jahrhundert gebräuchliche Substantiv ist – wohl unter dem Einfluss von gleichbedeutend französisch *utopie* – aus älterem **Utopia** (auch: Utopien) »erdachtes Land, Traumland, in dem ein gesellschaftlich-politischer Idealzustand herrscht« entstanden. *Utopia* wurde im 16. Jahrhundert aus gelehrtenlateinisch *Utopia* übernommen, nach dem Titel eines 1516 erschienenen Werkes des englischen Humanisten und Juristen THOMAS MORUS (1478–1535), in dem das Bild eines republikanischen Idealstaates entworfen wird. Das Wort ist eine Bildung zu griechisch *ou* »nicht« und griechisch *tópos* »Ort, Stelle, Land« und bedeutet also eigentlich »Nichtland, Nirgendwo«. ♦ Ableitung: **utopisch** »nicht realisierbar, fantastisch« (17. Jahrhundert; wohl nach gleichbedeutend französisch *utopique*).

Varieté

»Theater mit bunt wechselndem Programm artistischer, tänze-
rischer und gesanglicher Darbietungen«: Die seit dem Ende des
19. Jahrhunderts aufkommende Bezeichnung hat sich als Kurzform für *Varietétheater* durchgesetzt, das nach gleichbedeutend
französisch *théâtre des variétés* gebildet ist. Das zugrunde liegende Wort französisch *variété* »Abwechslung, bunte Vielfalt«
beruht auf gleichbedeutend lateinisch *varietās*. Stammwort ist
lateinisch *varius* »wechselnd; verschiedenartig; mannigfaltig,
bunt« (vergleiche *variieren*).

Vers

»Gedichtzeile; kleinster Abschnitt des Bibeltextes«: Das Substantiv mittelhochdeutsch, althochdeutsch *vers* »Vers; Strophe«
ist wie entsprechend niederländisch *vers* und altenglisch *fers*
aus lateinisch *versus* »das Umwenden; die gepflügte Furche;
Linie, Reihe, Zeile; Vers« entlehnt. Das lateinische Wort bedeutete ursprünglich »das Umwenden der Erde durch den Pflug

und die dadurch entstandene Erdfurche« und ist eine Bildung zu lateinisch *vertere (versum,* älter auch: *vorsum)* »kehren, wenden, drehen«. Groß ist die Zahl der lateinischen Bildungen zu lateinisch *vertere,* die im deutschen Wortschatz eine Rolle spielen. Vergleiche hierzu *versiert, Version, Aversion, Konversation, Konvertit, Kontroverse, pervers, Revers, universal, Universität* und *Universum.*

Virtuose

Das Wort für »jemand, der eine (künstlerische) Technik mit vollendeter Meisterschaft beherrscht« wurde zu Beginn des 18. Jahrhunderts aus gleichbedeutend italienisch *virtuoso* entlehnt. Dies ist die Substantivierung des italienischen Adjektivs *virtuoso* »tugendhaft, tüchtig, gut« und bedeutet also eigentlich »tugendhafter, tüchtiger Mensch«. Italienisch *virtuoso* gehört zu italienisch *virtù* »Tugendhaftigkeit, Tüchtigkeit«, das auf lateinisch *virtūs (virtūtis)* »Mannhaftigkeit; Tüchtigkeit; Tugend« beruht. Stammwort ist lateinisch *vir* »Mann« (etymologisch verwandt mit althochdeutsch *wer* »Mann« in *Werwolf*).

walzen

Das ehemals starke Verb älter neuhochdeutsch, mittelhochdeutsch *walzen* »(sich) rollen, drehen«, spätalthochdeutsch *walzan* »rollen; erwägen« steht im Ablaut zu altisländisch *velta* »sich wälzen«. Im Oberdeutschen wird *walzen* ab der 2. Hälfte des 18. Jahrhunderts in der Bedeutung »mit drehenden Füßen auf dem Boden schleifen, tanzen« gebraucht. Zu dieser Bedeutung gehört die Bildung **Walzer** »Drehtanz« (Ende des 18. Jahrhunderts). Entsprechend gilt *walzen* umgangssprachlich für »Walzer tanzen« (veraltend).

weiß

Das gemeingermanische Adjektiv *wīʒ*, althochdeutsch *(h)wīʒ*, gotisch *ƕeits*, englisch *white*, schwedisch *vit* gehört zu der indogermanischen Wurzel **ku̯ei-* »leuchten, glänzen; leuchtend, hell, licht«, vergleiche zum Beispiel altindisch *śvindatē* »glänzt«, ferner zum Beispiel altindisch *śvētáḥ* »weiß«, litauisch *šviẽsti* »leuchten«, russisch *svet* »Licht«.

Witz

Das Substantiv mittelhochdeutsch *witz(e)*, althochdeutsch *wizzī* (entsprechend englisch *wit*) gehört mit der anders gebildeten nordischen Wortgruppe um schwedisch *vett* »Verstand« zu der indogermanischen Wurzel um *wissen*, woraus sich die Bedeutung »Verstand, Klugheit, Schlauheit« entwickelte. Im 17. Jahrhundert kam im Deutschen die Verwendung im Sinne von »Esprit, Gabe des geistreichen Formulierens« unter dem Einfluss von französisch *esprit* »Geist, Witz« und englisch *wit* »Geist, Witz« auf. Die Bedeutung »Spott, Scherz; scherzhafte Äußerung« erscheint seit dem 18. Jahrhundert.

wohnen

Mittelhochdeutsch *wonen*, althochdeutsch *wonēn* »sich aufhalten, bleiben, wohnen; gewohnt sein«, gotisch *unwunands* »sich nicht freuend« (verneintes Partizip Präsens), altenglisch *wunian* »bleiben, wohnen; gewohnt sein«, altisländisch *una* »Behagen empfinden, zufrieden sein; bleiben« gehören zu einer indogermanischen Wurzel, zu der auch *gewinnen* zählt. Die eigentliche Bedeutung des Verbs ist demnach »nach etwas trachten, etwas gern haben wollen«, woraus sich die Bedeutungen »Gefallen finden, zufrieden sein, sich gewöhnen« und dann die heute allein bestehende Bedeutung »wohnen, sich aufhalten« entwickelten. ◆ Ableitungen: **Wohnung** (mittelhochdeutsch *wonunge* »Wohnung, Unterkunft; Gegend; Gewohnheit«); **wohnhaft** (mittelhochdeutsch *wonhaft* »ansässig, bewohnbar«).

Xylofon

Die seit dem Ende des 19. Jahrhunderts bezeugte Bezeichnung des Schlaginstruments, bei dem auf einem Holzrahmen befestigte Holzstäbe mit zwei Holzschlägeln angeschlagen werden, ist eine künstliche Bildung aus griechisch *xýlon* »Holz« und griechisch *phōnḗ* »Stimme; Klang, Ton« (vergleiche ☞ Phonetik).

— ‹‹‹ ✕ ››› —

Zauber

Das gemeingermanische Substantiv mittelhochdeutsch *zouber*, althochdeutsch *zoubar* »Zauberhandlung, -spruch, -mittel«, mittelniederländisch *tōver* »Zauberei«, altenglisch *tēafor* »rote Farbe, Ocker, Rötel«, altisländisch *taufr* »Zauber(mittel)« ist dunklen Ursprungs. Die Bedeutung des altenglischen Wortes erklärt sich daraus, dass Zauberzeichen (Runen) zumeist mit roter Farbe versehen wurden.

Zirkus

Das bereits seit dem 17. Jahrhundert belegte Substantiv ist aus lateinisch *circus (maximus)* »Arena für Wettkämpfe und Spiele; Rennbahn« entlehnt und war zunächst in dieser Bedeutung gebräuchlich. Die heute übliche Bedeutung erlangte *Zirkus* im 19. Jahrhundert unter dem Einfluss von englisch *circus* und französisch *cirque* (in England und Frankreich entstand Ende des 18. Jahrhunderts der Zirkus der Neuzeit). ♦ Lateinisch *circus* bedeutet eigentlich »Kreis, Ring« und stammt aus griechisch *kírkos* »Ring«. Zu lateinisch *circus* in der Bedeutung »Kreis« gehören auch *zirka*, *Zirkel* und *zirkulieren*.

Zither ....

Die Bezeichnung des Instruments wurde in althochdeutscher Zeit (althochdeutsch *zitara*) aus lateinisch *cithara* »Zither« entlehnt, aus dem ferner niederländisch *citer*, schwedisch *cittra* und (durch französisch Vermittlung) englisch *zither* stammen. Das lateinische Wort ist aus griechisch *kithárā* »Zither« übernommen, das unbekannter Herkunft ist. Althochdeutsch *zitara* wurde durch mittelhochdeutsch *zitōl(e)* abgelöst, das aus altfranzösisch *citole* entlehnt war. Daneben blieb lateinisch *cithara* bekannt, das am Anfang des 17. Jahrhunderts erneut entlehnt wurde. Vergleiche auch ☞Gitarre.

Zyklus ....

»Kreislauf, periodische Folge; Ideen-, Themenkreis; in sich geschlossene Reihe inhaltlich zusammengehörender Dinge (Gedichte, Geschichten, Vorträge und anderes)«: Das seit dem 18. Jahrhundert bezeugte Substantiv ist aus lateinisch *cyclus* entlehnt, das seinerseits aus griechisch *kýklos* »Kreis; Kreislauf, Ring; Rad usw.« übernommen ist.